价值激活

Back to Human

How Great Leaders Create Connection
in the Age of Isolation

[美] 丹·斯柯伯尔　著
（Dan Schawbel）

王正林　译

中国科学技术出版社
·北 京·

Back to Human: How Great Leaders Create Connection in the Age of Isolation
Copyright ©2018 by Dan Schawbel
Simplified Chinese edition Copyright ©2022 by Grand China Publishing House

This edition published by arrangement with Da Capo Press, an imprint of Perseus Books, LLC, a subsidiary of Hachette Book Group, Inc., New York, New York, USA.
All rights reserved.

No part of this book may be used or reproduced in any manner whatever without written permission except in the case of brief quotations embodied in critical articles or reviews.

本书中文简体字版通过 Grand China Publishing House（中资出版社）授权中国科学技术出版社在中国大陆地区出版并独家发行。未经出版者书面许可，不得以任何方式抄袭、节录或翻印本书的任何部分。

北京市版权局著作权合同登记　图字：01-2022-3733。

图书在版编目（CIP）数据

价值激活 /（美）丹·斯柯伯尔著；王正林译 . -- 北京：中国科学技术出版社，2022.10
书名原文：Back to Human: How Great Leaders Create Connection in the Age of Isolation
ISBN 978-7-5046-9778-3

Ⅰ . ①价… Ⅱ . ①丹… ②王… Ⅲ . ①企业经营管理－案例－美国 Ⅳ . ① F279.712.3

中国版本图书馆 CIP 数据核字 (2022) 第 158731 号

执行策划	黄 河　桂 林
责任编辑	申永刚
策划编辑	申永刚　方 理
特约编辑	张 可
版式设计	孟雪莹
封面设计	东合社·安宁
责任印制	李晓霖

出　　版	中国科学技术出版社
发　　行	中国科学技术出版社有限公司发行部
地　　址	北京市海淀区中关村南大街 16 号
邮　　编	100081
发行电话	010-62173865
传　　真	010-62173081
网　　址	http://www.cspbooks.com.cn

开　　本	787mm×1092mm　1/32
字　　数	172 千字
印　　张	10
版　　次	2022 年 10 月第 1 版
印　　次	2022 年 10 月第 1 次印刷
印　　刷	深圳市精彩印联合印务有限公司
书　　号	ISBN 978-7-5046-9778-3/F·1058
定　　价	89.80 元

（凡购买本社图书，如有缺页、倒页、脱页者，本社发行部负责调换）

致中国读者信

To my Chinese readers,

It's an honor and privilege to introduce you to my book *Back to Human: How Great Leaders Create Connection in the Age of Isolation*.

The current economic development of China is very promising and exciting, with new business models and digital transformation that is reshaping how citizens work and live.

But, as China continues to adopt new emerging technologies, the value of human connection will continue to be critical to the social development of the population. I hope that reading this book will inspire you to use technology better and build stronger relationships with those you interact with.

Best wishes

Daniel Schawbel

致中国读者们，

我很荣幸能够向你们介绍《价值激活》这本书。

中国目前的经济发展趋势迅猛，企业的数字化转型和新的商业模式正在重塑公民的工作和生活方式。

随着新兴技术在中国蓬勃发展，人与人之间的联系和个体的价值将对社会发展至关重要。我希望本书能够帮助你们更好地使用技术，并与你们交往的人建立更牢固的关系。

祝好！

丹·斯柯伯尔

作者荣誉榜
BACK TO HUMAN

《福布斯》	全美领先的新生代权威之一
	30 位 30 岁以下营销与广告专家之一
	20 大社交媒体影响力人物之一
	你不想错过的 10 位顶级思想领袖演讲者之一
《赫芬顿邮报》	Top20 招聘和职业规划大师之一
	16 位杰出商业头脑之一
《商业周刊》	20 位你应该关注的企业家之一
《商业内幕》	40 位 40 岁以下创新精英之一
《劳动力杂志》	当下代际差异和技术迭代日益凸显，丹·斯柯伯尔深知人力资源该如何适应这个不断变化的时代。

斯柯伯尔曾与来自不同行业的 2 300 多名成功人士对谈，吸收他们的非凡经验，并融入他的作品。这些人包括：

《巴菲特致股东的信》作者沃伦·巴菲特

《赢》作者杰克·韦尔奇

《原则》作者瑞·达利欧

《向前一步》作者谢丽尔·桑德伯格

《富爸爸穷爸爸》作者罗伯特·清崎

《高效能人士的七个习惯》作者史蒂芬·柯维

《基业长青》作者吉姆·柯林斯

《创新者的窘境》作者克莱顿·克里斯坦森

《异类》作者马尔科姆·格拉德威尔

《重新定义公司》作者埃里克·施密特

权威推荐
BACK TO HUMAN

比尔·乔治（Bill George）
埃克森美孚董事会成员、美敦力公司前董事长兼首席执行官（CEO）、畅销书《真北》（*Discover Your True North*）合著者

在这本出色的新书《价值激活》中，丹·斯柯伯尔对我们如何在这个高科技时代重建人性，如何与同事建立真诚的联系进行了最深入、最有洞见的分析，他认为，与那些建立了高度激励、互助协作的团队的领导者一同打造健康高效的工作场所至关重要。对于任何想让工作变得更有成就感的人来说，这是一本必读书。

W. 钱·金（W.Chan Kim）
波士顿咨询集团布鲁斯·D. 亨德森战略和国际管理教席教授
《纽约时报》畅销书《蓝海战略》（*Blue Ocean Strategy*）合著者

《价值激活》向我们展示了现代科技是如何剥夺我们在工作、生活中的成就感的。在这本发人深省的书中，丹·斯柯伯尔要求我们的互动更

加人性化而不是机械化,并向我们提供了相关的实用指南。对当今职场上任何一位想成为高效领导者的人来说,这本书都不可错过。

吉姆·科赫(Jim Koch)
三姆啤酒公司(曾4次获得"全美国最棒的啤酒"称号,14次荣获美国"大啤酒节金奖")创始人、《一杯消渴》(*Quench Your Own Thirst*)作者

在殖民时期,塞缪尔·亚当斯和他的伙伴们在酒馆里聚会,谋划美国革命,喝上一两杯啤酒。《价值激活》引导我们重新体验那些重要的人类互动——对话、交流、合作,以及畅谈共同为之奋斗的理想。如果你想酝酿你自己的"人生革命",丹·斯柯伯尔的这本书将成为你的不二指南。为你的成功干杯!

大卫·诺瓦克(David Novak)
百胜餐饮集团前董事会主席兼CEO、《赏识的力量》(*O Great One!*)作者

《价值激活》为如何成为更出色的领导者构筑了实用的基础。书中充满鞭辟入里的见解和建议。值得一读!

米歇尔·朗德尔(Michel Landel)
索迪斯集团(生活质量服务的全球领军企业)前CEO

我向所有想为团队创造更高质量生活的领导者推荐《价值激活》。丹·斯柯伯尔在书中解释了如何建立对个人和组织的成功至关重要的人

际关系。无论科技如何进步，人与人之间的联系仍会延续。这本书将帮助你建立更牢固的关系，为你带来更高的绩效和更多的快乐。

罗恩·谢赫（Ron Shaich）
帕纳拉面包（美国最大的面包连锁品牌）**创始人兼董事会主席**

　　高科技可能加快了变革的步伐，但它并没有改变商业成功的本质。在《价值激活》一书中，丹·斯柯伯尔就如何克服高科技的弊端，以及重新聚焦于商业成功的真正基石——关系，提出了专家级的建议。这是一本适合所有领导者的必读书。

基普·廷德尔（Kip Tindell）
The Container Store（家居收纳品牌鼻祖）**创始人、董事会主席、前 CEO**

　　沟通力就是领导力，领导的题中之义就是懂得沟通。《价值激活》这本书睿智地指引我们善加利用先进的技术和方法，促使我们成为更优秀的领导者和沟通者。

伯特·雅各布斯（Bert Jacobs）
Life is Good 美好生活公司（美国年销过亿 T 恤品牌）**联合创始人**

　　对于任何一位渴望拥有一支高效率和高协作性员工队伍的领导者来说，《价值激活》都是一本有价值的书。根据丹·斯柯伯尔的建议，我们会拥有更强大的的团队凝聚力，取得更出色的业绩。

霍华德·毕哈（Howard Behar）
星巴克前总裁

如果领导者想要与他的团队建立更紧密的联系，那就必须读一读这本《价值激活》。丹·斯柯伯尔鼓励人们通过人际交流建立更深厚的联系，而不是依赖高科技。随着时间的推移，这将变得更加重要。

贝丝·科姆斯托克（Beth Comstock）
通用电气前副主席、耐克董事

在《价值激活》一书中，丹·斯柯伯尔提醒我们，人类绝不能在无人驾驶或其他新技术面前退居次席。这种技术进步是在人类为追求更美好的生活而建立的密切联系之中发现的。

斯坦利·麦克里斯特尔（Stanley McChrystal）
美军特种作战司令部指挥官、畅销书《赋能》（Team of Teams）作者

这是一本兼具趣味性和思想性的书，但更重要的是，它是一本真正有用的书。身处21世纪，我们面临影响生活和工作的多重挑战，《价值激活》提供了应对这些挑战的具体方案。

丹·希思（Dan Heath）
《纽约时报》畅销书《行为设计学》（The Power of Moments）合著者

在《价值激活》一书中，丹·斯柯伯尔要求我们放下手机，开始投入精力和时间来建设更深层次的人际关系。这是我们都需要听到的信息。

苏珊·罗恩（Susan RoAne）
演讲家、《面对面》（*How to Work a Room and Face to Face*）作者

如果你今年只能买一本书来增进你的人际关系，创建你的事业或成立你的公司，那么《价值激活》就是绝佳选择。《价值激活》以可靠的研究成果为基础，收录了许多高效领导者的建议、想法、案例和策略。

悉尼·芬克斯坦（Sydney Finkelstein）
达特茅斯学院教授、畅销书《联盟时代》（*Superbosses*）作者

有些关于工作效率的书忽略了实际经验教训，另一些则没有向我们阐明为什么工作效率总是低下。但如果有一本以研究为基础的书，里面介绍了许多高度相关的练习，可以帮助所有人在工作中变得更有效率，又会怎样呢？不用看其他书了，《价值激活》中充满了实用的见解，不但能帮助你在工作中做得更好，还能让你停下来思考如何过自己真正想要的生活。

鲍勃·伯格（Bob Burg）
《给予的力量》（*The Go-Giver*）合著者

要做技术的主人，莫做技术的奴隶。不幸的是，随着时间的推移，我们已经从前者变成了后者，人们事业生活的方方面面都因此遭受破坏。幸运的是，当今世界具有最敏锐商业头脑之一的丹·斯柯伯尔再次站出来，和我们分享他的智慧！

他不仅发现了这种现象的问题所在，还系统地提供了解决方案，帮

助领导者创造一种能使团队成员享受成就感的同时，不断提升自我的文化和环境。这是一本每位领导者甚至每一个人都应该拥有、熟读、摆在书桌旁边以备随时参考的书。

戴维·尤里奇（Dave Ulrich）
现代人力资源管理之父、畅销书《人力资源转型》（*Human Resource Champions*）作者

丹·斯柯伯尔著述了一部颇有意义的新经典。他强调了人类对成就感的需求，并表明大多数技术限制了这种重要的联系。他的理念有助于人们找到有意义的联系，提高个人幸福感和工作效率。

工作联结指数（WCI）
BACK TO HUMAN

如何评估员工对工作的投入度？

本书的目的在于帮助你和团队建立更紧密的联系，成为更高效的领导者，提高工作时的满足感。我们很容易陷入日复一日的忙碌中，却忽略了与同事和下属建立深层联系这一重要任务。我们也很少去评估团队的联结程度，认为团队成员会自然而然地凝聚在一起。然而，拥有联系紧密的团队是我们成功的基石。

我和乔治梅森大学商学院的管理学教授，《美国管理学会会刊》[①]（Academy of Management Journal）的编审委员凯文·罗克曼（Kevin Rockmann）博士一同设计了工作联结指数（Work Connectivity Index, WCI）测试，通过受试者的自我评估来衡量他在工作关系中的联结强度。

[①] 管理学领域国际公认的顶尖学术刊物。——译者注（若无特别标注，脚注均为译者注。）

WCI测试会综合个体对建立联系的需求、个体实际的联结程度以及个体在工作关系中的定位3个维度得出结果。你和团队都可以参与测试，评估每个人是否如你所想的那样联系紧密。在联结程度强的团队中，成员的工作投入度高、效能高，并且对组织的忠诚度高。测试完成后，就会得到以下4种联结程度中的一项：

联结度强：个体的联结需求普遍得到满足，团队给个体提供了足够的互动和关注度。

联结度较强：个体的联结需求基本得到满足，想加强联结则要提高你在职场中的社交密度。

联结度较弱：个体的联结需求没有得到满足，个体很有可能在团队中有"被孤立"的感觉。

联结度弱：个体的联结不足，甚至匮乏。团队和领导需要更积极地改善工作关系。

通过这个测试，你能够推测团队成员在工作中的投入程度，辨认出团队中谁更容易因为孤立和孤独而请辞。测试结果为"联结度弱"也不要紧，应用《价值激活》这本书中解决不同管理问题的实操方法，就能激活你的团队，让工作变得高效。你也可以重复进行测试，以验证实际成果。

测 试
BACK TO HUMAN

工作联结指数（WCI）测试题
（中文版）

该测试适合的人群：**有至少一名同事的职场人士，包括且不限于全职、兼职、坐班和远程工作者。**

如果你不只有一份工作，那么请把你的主要工作地点作为参考。如果你的同事非常多，那么请把你主要接触的同事作为参考。该测试共有24道题，包括选择题、填空题和量表题，大约需要15分钟来完成。

问题1~5将询问你的个人背景和对你工作的一般描述。

问题1、2、5为选择题，问题3、4为填空题，请根据你的实际情况来填写。

为了给你的回答创建一个匿名代码，请输入你名字的前两个字母，你姓氏的前两个字母，以及你的出生日期。（如果你的名字是Tina Smith，在9号出生，你的代码将是tism9。）

匿名代码：_____。

1. 你的性别

A．男性

B．女性

C．我不愿意透露

2. 你的年龄

A. 小于等于 23 岁

B. 24~35 岁

C. 36~45 岁

D. 46~55 岁

E. 56~65 岁

F. 大于 65 岁

G. 我不愿意透露

3. 你的职业名称：_____。

4. 你的行业类型：_____。

5. 以下哪一个是你的职业状态?

A．全职管理者，有至少 1 名直接下属

B. 全职管理者，没有直接下属

C. 全职员工

D. 兼职员工

E. 自由职业者

F. 临时员工

G. 按需工作（例如，外卖员和滴滴打车）

H. 以上均不是

问题6~7会问到关于你的个人喜好和需求。这组问题皆为量表题，请根据你的实际情况来填写。

6.

	完全不同意				非常同意
	1	2	3	4	5
我想让他人接纳我。	○	○	○	○	○
我非常需要归属感。	○	○	○	○	○
当我感觉不被他人接纳时会很受伤。	○	○	○	○	○

7.

	完全不同意				非常同意
	1	2	3	4	5
我最喜欢一个人完成工作。	○	○	○	○	○

比起跟他人一起工作，我更喜欢独自工作。	○	○	○	○	○
工作上跟他人合作越少我越开心。	○	○	○	○	○

问题 8~15 会问到关于你的工作和工作场所的具体细节。问题 8、14、15 为量表题，问题 9~13 为填空题，请根据你的实际情况来填写。

8.

	完全不同意				非常同意
	1	2	3	4	5
我的工作要求我每次只能专心完成一项任务。	○	○	○	○	○
我的工作只需完成简单的任务。	○	○	○	○	○
我的工作包括相对不那么复杂的工作。	○	○	○	○	○
我的工作涉及执行相对简单的任务。	○	○	○	○	○

9. 你平均每周会在你的主要工作上花 _____ 小时。

10. 你的主要工作需要你每周和 _____ 人（同事、客户等）交流。

11. 你每周跟上一题提到的人中的 _____ 人会进行面对面交流。

12. 你每周在工作上花 _____ 小时跟这些人面对面交流。

13. 你跟他人通过科技产品交流和当面交流的百分比各是多少。

通过科技产品交流 _____   当面交流 _____ 。

14.   完全不同意   非常同意

	1	2	3	4	5
我的工作场所经常变动。	○	○	○	○	○
我工作的公司/组织经常有人离职和入职。	○	○	○	○	○
我说不准今后还会不会跟现在的同事共事。	○	○	○	○	○
我工作的公司/组织人事变更率很大。	○	○	○	○	○
我不想和同一批同事共事太长时间。	○	○	○	○	○

15.   完全不同意   非常同意

	1	2	3	4	5
我的工作对我来说很重要。	○	○	○	○	○
我的工作内容对我个人来说很有意义。	○	○	○	○	○
我的工作对我来说很有意义。	○	○	○	○	○

问题 16~20 是关于你对同事的看法。这组问题皆为量表题,请根据你的实际情况来填写。

16.   完全不同意   非常同意

　　　　　1　　2　　3　　4　　5

我的同事是我的朋友。　○　○　○　○　○

我不上班的时候也会
跟同事相处。　　　　　○　○　○　○　○

我和同事不只有
工作上的关系。　　　　○　○　○　○　○

我和同事的关系让
我有机会帮助他人。　　○　○　○　○　○

我和同事的关系让
我有机会指导和支持他人。○　○　○　○　○

我和同事的关系让
我有机会回馈他人。　　○　○　○　○　○

17.   完全不同意   非常同意

　　　　　1　　2　　3　　4　　5

我的同事会和我一起
讨论我的职业规划。　　○　○　○　○　○

我的同事帮助我建立
起自己的事业。　　　　○　○　○　○　○

我的同事帮我确定了
未来事业的发展方向。　○　○　○　○　○

我的同事帮助我应对压力。	○	○	○	○	○
我的同事会听我抱怨。	○	○	○	○	○
我的同事帮助我消除紧张感。	○	○	○	○	○

18.   完全不同意   非常同意

        1   2   3   4   5

我的同事帮助我在正确的道路上成长。	○	○	○	○	○
我的同事帮助我成为一个更好的人。	○	○	○	○	○
我的同事帮助我获得更多的技能和竞争力。	○	○	○	○	○
我的同事帮助我完成我的工作。	○	○	○	○	○
我的同事会解答我工作上的疑惑。	○	○	○	○	○
我的同事总是会在工作的时候帮我一把。	○	○	○	○	○

19.   完全不同意   非常同意

        1   2   3   4   5

我怀念可以和同事面对面交流的时光。	○	○	○	○	○

我在工作中感觉被孤立了。	○	○	○	○	○
我怀念同事带给我的精神上的鼓励。	○	○	○	○	○
我怀念与他人轻松随意的接触。	○	○	○	○	○

20.　　　　　　　完全不同意　　　　　　　非常同意

　　　　　　　　　　1　　2　　3　　4　　5

我在工作时会被他人忽视。	○	○	○	○	○
我在工作时会被排除在交流之外。	○	○	○	○	○
我在工作时会被他人当作不存在。	○	○	○	○	○

问题 21~24 会问到你工作之外的生活以及你对这种生活的满意度。这组问题皆为量表题，请根据你的实际情况来填写。

21.　　　　　　　完全不同意　　　　　　　非常同意

　　　　　　　　　　1　　2　　3　　4　　5

我在工作之外有一群玩得好的朋友。	○	○	○	○	○
我在工作之外会在我身边找到与我相似的人。	○	○	○	○	○

我在工作之外会感觉到和他人关系亲密。	○	○	○	○	○
我在工作之外能找到真正懂我的人。	○	○	○	○	○
我在工作之外能找到可以说话的人。	○	○	○	○	○
我在工作之外能找到可以依靠的人。	○	○	○	○	○

22.   完全不同意   非常同意

	1	2	3	4	5
我对工作关系很满意。	○	○	○	○	○
我对同事关系很满意。	○	○	○	○	○

23.   完全不同意   非常同意

	1	2	3	4	5
我总是对我的工作充满热情。	○	○	○	○	○
我的工作让我很愉快。	○	○	○	○	○

24.   完全不同意   非常同意

	1	2	3	4	5
我几乎已经过上了我理想中的生活。	○	○	○	○	○

我的生活条件非常好。　　○　　○　　○　　○　　○

我对我的生活很满意。　　○　　○　　○　　○　　○

具体的测试结果，请扫描封底下方二维码，在后台发送你的答题和联系方式，或登录作者英文官网选择导航 BOOKS—Back to Human—WORK CONNECTIVITY INDEX（WCI）即可开始作答。

目 录
BACK TO HUMAN

绪 论 数字化转型时代，
如何创建具有幸福感且高效的职场文化 　　1

第一部分　　掌握自我联结

第 1 章　强调工作的根本意义：职场满足感　　13

高科技带来的孤独感催生了职业倦怠感　　15
更牢固的关系带来更多的满足感和幸福感　　21
如何获得个人和团队的满足感　　23
拥有满足感的 5 个特征　　28
满足员工的需求，也是为了你更高效地管理团队　　34
面对面对话，主动倾听需求　　36
实现工作与生活有效融合的 3 个秘诀　　39
◎ 价值笔记：获得职场满足感的有效途径　　43

第2章　避开"科技时代式低效" 　44

3个动作避开高科技滥用陷阱　48
远程办公高效的秘密　59
强调目标导向，激活习惯力　64
高效沟通才能释放更强创造力　68
7种忙到点子上的黄金领导力　70
◎ 价值笔记：提高工作效能的不二法门　78

第3章　共享学习，打开员工交流通道　79

从数据库共享，到技能资源同频　81
培养和组织共同成长的新能力　87
从事事管控到彼此赋能　90
跨越"技能代沟"，与趋势同行　94
◎ 价值笔记：在共享学习中收获实效　96

第二部分　创造团队联结

第4章　多样化观点重塑企业价值　99

大众汽车公司给我们的教训　102
有价值的分歧　104
抑制团队多样性导致冲突和低效　107

6种保持团队多样性的领导力练习	111
4步建立可评估、可测量、可持续的多样性文化	117
如何平衡不同员工的自我效能感	118
制定衡量多样性与效能的硬指标	121
◎ 价值笔记：培养多样性和效能感的关键点	123

第5章　支持团队间开放协作　　124

最好的创意来自饮水机旁	125
竖井：协作的敌人	131
别把科技设备当作避开交流的借口	132
办公室"门户开放"政策	134
即使是开放的交流，也会出现冲突	138
◎ 价值笔记：增加交流开放度	144

第6章　表扬在绩效评估之前　　145

一种新的瘾：表扬	146
挂在办公桌上方的门票	148
赞美比金钱更能激励人	150
拍拍背，还是提供冰激凌	153
不要违心称赞	157
从说"干得好！"到说"谢谢你！"	160
◎ 价值笔记：让表扬落到实处	165

第三部分　建立组织联结

第7章　个性胜过简历　169

糟糕的招聘让公司损失 1 个亿　170
高科技面试弊端之一：忽略软技能　172
高科技面试弊端之二：肤浅了解　175
技能可以传授，个性却无法传授　176
5 种品格特征，精准招聘新员工　178
潜在的招聘信号　184
尝试一次咖啡馆面试　187
和新员工吃个午饭　190
◎ 价值笔记：快速筛选应聘者和了解新员工　193

第8章　着力留住优秀员工　194

雅虎为什么废除远程工作制度　196
"被看见"和"被听见"一样重要　198
做啦啦队长而不是独裁者　201
不要忽视员工的幸福感　204
职场孤独使员工难以投入　210
如何让远程员工积极投入　216
◎ 价值笔记：保持优秀员工留存率的诀窍　220

第9章　同理心：兼顾人的意义　　221

- 高科技和媒体如何扼杀同理心　　222
- 当领导者缺乏同理心时，员工的绩效就会下降　　227
- 自恋者：过于关注自己而忽略他人　　230
- 职场同理心的复兴　　232
- 不涨薪酬也能吸引员工　　236
- 成为富有同理心的领导者　　238
- 正视#MeToo时代的职场诉求　　244
- 放下伪装，用"心"领导　　247
- ◎ 价值笔记：怀着同理心领导员工　　249

第10章　最佳员工体验：给予自主权　　250

- 乒乓球桌和免费小吃不过是锦上添花　　253
- 员工体验的3个维度：文化、人际关系和空间　　254
- 让团队成员在会议桌前有一个席位　　259
- 全流程提升员工体验　　262
- 成为凝聚人心的领导者　　264
- ◎ 价值笔记：打造独一无二的员工体验　　270

结　语　用自己的内心去感动一个人，
　　　　是机器永远都不擅长的事情　　271

致　谢　　277

附　录　《价值激活》践行人：100位新生代管理者　　281

绪 论
BACK TO HUMAN

数字化转型时代，
如何创建具有幸福感且高效的职场文化

> 超速连接技术（hyperconnectedness）之于我们就像数字伊甸园中的蛇。
>
> ——阿里安娜·赫芬顿（Arianna Huffington）
>
> 《赫芬顿邮报》(*The Huffington Post*) 创始人

我在奈飞（Netflix）上翻看英国电视剧《黑镜》(*Black Mirror*)时，惊讶地发现《急转直下》(*Nosedive*)这一集非常准确地反映了我们的社会现实。作者将故事的背景放在另一种"现实"中，在那里，人们可以用智能手机互相评价，而这些评价会影响他们的生活。

剧中主角莱斯（Lacie）痴迷于社交评分系统，就像我们中的许多人痴迷于在社交网站上更新"状态"并获得"点赞""评论"一样。刚开始时，莱斯在5分的总评分中获得了4.2分，

价值激活

但至少需要 4.5 分,莱斯才能搬进朋友们居住的豪华社区。莱斯的朋友内奥米(Naomi)获得了 4.8 分,她希望莱斯在她的婚礼上给自己做伴娘。然而,莱斯在去参加婚礼的路上遭遇了一堆糟糕的事,评分降到了 2.6 分,这促使内奥米拒绝莱斯参加婚礼了。

尽管这部剧是虚构的,但它完美地展示了高科技是如何将我们分开的(从某种程度上讲,也同样可以把我们团结起来)。这部剧仿佛举起了一面无情的镜子,展示了当我们下意识地进行社会比较[①](social comparison),使自己和其他人倍感凄惨时,我们有多么罪恶。

现代的高科技已经对我们的工作场所产生了在 10 年前都无法想象的影响。即时通信、数字平台和视频会议等彻底改变了我们的工作时间、地点以及工作方式。盖洛普公司(Gallup)的一项调查发现,在整个美国的劳动力中,超过三分之一是远程工作者,而自由职业者联盟(Freelancers Union)的报告显示,今天的自由职业者在整个劳动力市场中占据三分之一以上。机器人技术和人工智能使我们的生产变得更加高效,但也导致部分人工作业被替代,甚至将几种全职工作彻底从我们的经济体系中消除了。麦肯锡公司(McKinsey)预测,如今的工作有一半到 2055 年将实现自动化,那时的全球工资总额将达到近 15 万亿美元。

---

① 社会心理学名词,指的是个体就自己的信念、态度、意见等与其他人的信念、态度、意见等做比较。

从积极的方面来看，网络、应用程序和智能手机使得全世界的工作场所更社会化和协作化，也更讨人喜欢。《哈佛商业评论》(*Harvard Business Review*)的数据显示，在过去20年里，需协作完成的活动增加了50%，占员工日常工作的75%以上。但越来越多的协作任务发生在社交网络和手机软件中，面对面协作的比例要小得多。高科技的发展势不可当，它们每年仍将继续改变和重新塑造我们的工作和生活。

你要知道事物的变化是相当快的，当电话在19世纪后期被引入时，这项新技术花了几十年才进入全世界一半的家庭；而一个世纪之后的20世纪90年代，手机只用了不到5年时间就实现了同样的普及率。未来的高科技设备的普及速度只会比这更快。

高科技设备带来了许多令人难以置信的好处，包括实现实时交互、提高工作效率、催生新的创意和促进资源利用。但与此同时，这些设备也扰乱了我们的人际关系，使我们的职场机能失调。我们的人际关系并未因为高科技设备的出现而更加牢固，相反，它变得异常脆弱。高科技制造了一种错觉，让人以为当今员工彼此之间有着高度的联系，然而在现实中，大多数人都觉得自己和同事是隔绝的。他们最渴望的是与他人建立一种真正的联系，越来越多的研究表明，这也是绩效最优的职场文化的标志。

高科技成瘾使人更孤独，工作更低效

高科技成瘾正与日俱增。这一点在伴随着科技成长起来的年轻员工身上体现得尤为明显，他们更有可能是早期科技设备使用者。他们

价值激活

乐意使用这些设备来获得即时的满足感，减轻压力，赢得别人对自己的认可。但是，高科技的使用有着更加黑暗的一面。谷歌公司（Google）前产品经理特里斯坦·哈里斯（Tristan Harris）在一段60分钟的节目中承认，高科技设备是有意设计的，目的是使人们对它们上瘾。我们每次拿起手机，就好比在拉动一根控制杆，希望赢得一份激动人心的奖励，这和老虎机很像。

尽管人们很容易认为"高科技成瘾"只是哈里斯的一种比喻，但这实际上是非常真实的情形。每次我们收到短信或者更新社交平台"状态"时，我们大脑中的快乐系统（pleasure system）便会受到刺激，并分泌多巴胺。

智能手机问世前，人们平均每天花在电脑和其他电子设备上的时间为18分钟。如今，我们每天使用手机的时间异常惊人，多达5小时，在这段时间内，我们平均触摸手机2 600次。大约一半的美国人都对移动设备沉迷至极，他们宁肯摔断骨头也不愿把手机摔坏。

高科技成瘾不仅会诱导我们将大把的钱投入到设备制造商和高科技公司的口袋里，还会对我们的思维"重新编程"，重新塑造我们的行为、感觉和想法。这也干扰了我们的人际关系。作家兼思想领袖西蒙·斯涅克（Simon Sinek）在评价年轻人面临的重重压力时说："他们不会向朋友倾诉，而是求助于高科技设备和社交媒体，暂时缓解压力。"这种应对机制使我们在生活中感到沮丧、孤独，在工作时缺乏效率。

未来职场公司（Future Workplace）与任仕达集团（Randstad）合

作开展的两项全球研究发现，年轻员工想要的东西其实与他们的实际行为没有多大关系。

在其中一项面向10多个国家中年龄为22~34岁的6 000名员工的民意调查中，大多数受访者告诉研究人员，他们更喜欢人与人之间的交流，而非利用高科技设备进行的交流。尽管如此，超过三分之一的人在脸书（Facebook）上消耗了近30%的个人时间和工作时间，他们没有选择进行面对面的交谈和打电话沟通，而是选择了短信、即时通信和社交网络。我的许多同事甚至会因为有人打电话并留下语音留言而感到沮丧，因为他们认为这是一种干扰。

职场的孤独感正在蔓延。当我们依靠高科技设备和他人联系时，人际关系就会变得更弱。用短信代替人与人的互动，使我们感到孤单和不愉快。这将诱发一种名为"孤立"的流行病，促使越来越少的人承认自己有亲密朋友。事实上，有一半的美国人在公共生活中都感到孤独。美国公共卫生局局长维韦克·穆尔蒂（Vivek Murthy）博士告诉我："孤独和脆弱的社会关系会缩短人的寿命，与每天抽15支烟会缩短的寿命相差无几，跟肥胖症比起来更易缩短人的寿命。"

要在工作中产生成就感，忠于自己的团队并且感到快乐，我们需要与身边的人建立更深厚的关系。乔治·瓦利恩特（George Vaillant）在哈佛大学一项著名的"格兰特研究"[①]（The Grant Study）中对268名哈佛大学的本科生进行了75年的跟踪调查，收集了他们在不同生

---

① 研究的是"什么样的人，最可能成为人生赢家"，截至今天，这项研究已经持续了81年，花费超过2 000万美元。

价值激活

活时期的多方面数据。他发现,生活满意度的最佳预测指标不是金钱或事业上的成功,而是一段牢不可破的人际关系。

一些研究人员在研究了部分被孤立员工的孤独感与他们对团队的奉献之间的关系后一致认为,在工作中拥有朋友和团队友谊,将对工作绩效、员工的忠诚度和整体健康状况等方面产生巨大的影响。在沃顿商学院(Wharton School of Business),西格尔·巴萨德(Sigal Barsade)采访了672名员工和他们的114名主管,结果发现,**员工越孤独,他们在任务的完成度、团队作用和人际关系上的表现就越差**。在另一项研究中,约翰·P. 梅耶(John P. Meyer)和娜塔莉·J. 艾伦(Natalie J. Allen)发现,员工人际关系的质量对他们如何看待公司,以及怎样与公司建立联系有着重大影响。孤独的员工更有可能在工作中感到缺乏归属感,对公司的奉献精神也更弱。

盖洛普公司采访了500多万人,发现只有30%的人在工作中有好朋友;而这些在职场中拥有亲密朋友的人,有7倍的可能性更积极地投入工作。在另一项单独的研究中,维珍脉搏公司(Virgin Pulse)和未来职场公司对20个国家的2 000多名员工进行了调查,发现7%的员工在工作中没有朋友,超过半数的员工只有5个或更少的朋友。朋友最少的人"经常"或"总是"感到孤独,不会全身心地投入工作。

在工作中拥有朋友对我们这一代人来说尤其重要,我们总把自己的团队看成是工作中的家人,把老板看成是工作中的父母。没有人会愿意为了另一家公司的一群陌生人而离开自己的家人,并且也没有人愿意因为自己碌碌无为而让家人失望。

绪 论

职场越是与外界隔绝，越会使得员工愿意寻求更多的亲密关系，更具同理心，也更希望和他人建立深厚友谊。在对来自10个国家超过2.5万名员工进行调查后，我们发现，依靠协作工具进行远程工作的员工，更有可能拿起电话来核实他们在电子邮件中表述的语气，并且更愿意与同事交朋友。我曾先后在波士顿和纽约工作过好几年，但都是在家里工作。我性格内向，但我可以理解人们对这种归属感的需求，而且我也不是唯一一个有此感触的人。

即使纽约市拥有860多万人口，有无数家餐馆、酒吧、博物馆，也经常举办音乐会、体育赛事，以及其他城市都会举办的活动，但在这里生活仍容易让人感到孤独。这个问题影响着全世界的城市和国家，并可能带来毁灭性的后果。预计到2060年，日本的人口数量将从如今的1.27亿下降到8 700万，其原因是结婚率降低，这又是人们没有足够的人际接触，而是依靠高科技进行"社交"的一个例子。

在法国，尽管员工平均每周工作时间少于40小时，而且可以享受每年5周的带薪假期，但政府制定了一项"离线权利"法（"Right to Disconnect" Law），允许员工在工作日结束后关闭他们的高科技设备。英国前首相特蕾莎·梅（Theresa May）在发现英国有900多万人总是或经常感到孤独后，任命了一位"孤独部长"（minister for loneliness）来专门解决这个问题。

职场隔绝、过度使用高技术并成瘾的结合，导致了"体验复兴"（experience renaissance），即人们有意识地想办法与他人共度时光、一同做事。哈里斯民意调查公司（Harris Group）最近的一项研究发现，

价值激活

72%的年轻员工宁愿把更多的钱花在体验上,也不愿花在物质上。在节假日期间的野餐露营、瑜伽静修、团体旅行和聚餐等场合,人们将体验作为一种与他人建立联系的方式,这正是他们渴望并缺少的。

尽管有了这种"体验复兴",但普通美国人依然每天只用短短30分钟和他人面对面沟通,相比之下,他们每天要看3小时的电视。这种现象,不但影响着人们的工作状态,也影响了人们的生存。犹他州杨百翰大学(Brigham Young University)的心理学家朱莉安妮·霍尔特-伦斯泰德(Julianne Holt-Lunstad)在翻阅了涉及308 849名参与者的148项调查报告后发现,健康长寿最好的预测指标是社会融合(social integration)程度,或者说,我们每天和他人交流的密度。

如何合理使用高科技,
建立工作和生活中更有价值的人际关系

这是一本非常关注个人的书。作为一名青年领导者,我一直在努力保持我的工作与生活之间的平衡。我最先在一家《财富》(Fortune)200强公司工作,后来成为一名个体经营者,再后来又在与另一家公司合作成立的团队中工作,我深知自己为过度使用高科技和用发短信代替打电话而感到愧疚。一路走来,我感到孤独、沮丧和恐惧。尽管如此,我已经学会了如何合理使用高科技来促进更多面对面的交流,也明白了这些人际关系的价值以及如何使这些价值最大化。

有一次,有记者针对一部反映我们这代人的纪录片,对我做了一段长达3个小时的采访。这名记者在采访中几次问我,我们当前面临的最大挑战是什么。虽然很多人可能会说是全球变暖、恐怖主义或者偿还助学贷款,但我认为是孤独。毫无疑问,其他问题也令人十分担忧,可我们往往无法立刻解决这些问题,相较之下,"感到孤独"这一问题却可以通过人为作用得到缓解。我希望发起一场全球运动,关注员工人际关系的重要性,并且制定一套流程,让所有员工都能在工作场所拥有更好的体验。

《价值激活》这本书旨在帮助你决定何时以及怎样适当地使用高科技,从而使你在工作和生活中建立更好的人际关系。我亲眼见证了高科技如何帮助我建立起一个人际网络,从而使我创建了一家从未想过会成为现实的企业。同时,我也看到同样的一些高科技怎样阻碍我建立更深层次的人际关系,使我与当前的生活脱了节。

在为撰写本书做准备时,我曾对几十位著名领导者进行采访,他们一而再,再而三地确认,高科技的确是把双刃剑。《价值激活》这本书提到了我们内心深处潜藏的情感需求,这种情感需求使我们变得更加人性化,不会像机器那样没有人情味。满足这种情感需求的办法,不是完全摒弃高科技,而是找到用它来助推事业的方法。

我个人的使命是帮助你度过整个职业生涯,从大学毕业到当上公司高管。我的第一本书《Me 2.0》(*Me 2.0*)能帮助你大学毕业后找到第一份工作,第二本书《自品牌》(*Promote Yourself*)能支持你从第一份工作做起,一直晋升到管理岗位。至于这本书,我专为下一代领导者而写。我将带领你探讨你需要做的每一件事,来创造一个让你的员工感到真正相互联系,并愿意全身心投入的工作场所。

价值激活

这本书将帮助你掌握与自我联结、创造团队联结、建立组织联结的方法。这样做将帮助你成为你的团队迫切需要的那种领导者，同时也为你和你的同事带来更大的成就感。

我的目标是员工在办公室里能保持清醒的头脑。我们平均每周工作 47 小时，每天无论上下班使用的几乎都是同样的高科技设备，因此就会以为自己"永远都在工作"。因为工作占据了人生大部分时间，所以在工作中改善与团队的关系，建设一种信任的文化尤为重要。

《价值激活》通过在高科技密集的工作场所建立起有意义的人际关系，支持你成为一位更加高效的领导者。在整本书中，你将了解到影响员工敬业度的 4 个因素：幸福感（happiness）、归属感（belonging）、目标感（purpose）和信任感（trust）是如何被用来培养更健康、更有成效的职场文化的。

每一章都着重阐述影响我们工作生活的一个重要话题。我首先会确定一个问题，然后寻找解决这个问题的实际方法。你将了解怎样更好地与你的团队互动、以何种方式且何时使用或不使用高科技，以及你可以采取哪些具体步骤来促进更深入、更有效、更人性化的人际关系。我们现在正在体验的企业文化必须有所改变——这本书将向你展示你需要做些什么，才能在工作中更有效率、更有成就感。

祝你成功！

丹·斯柯伯尔

BACK TO HUMAN

第一部分
掌握自我联结

MASTER SELF—CONNECTION

比尔·乔治

世界上最受尊敬、最成功的 CEO 之一，现任埃克森美孚石油公司、高盛公司、瑞士诺华公司董事会成员，并在哈佛商学院授课。

在担任著名的医疗设备制造商美敦力公司 CEO 的 12 年间，他将当时市值为 11 亿美元的公司改造为市值飙升至 600 亿美元的诚信企业。

—— BACK TO HUMAN ——

当工作、个人生活和公司的使命保持一致时，领导力才会发挥到极致。卓越领导者致力于在工作中出类拔萃，但也知道工作不是生活的全部。他们当然不缺乏领跑的激情，恰恰相反，他们会因为整合了自己的生活而成为更优秀的领导者。

第 1 章　强调工作的根本意义：职场满足感

> 鉴于你将把一生中大部分时间花在养家糊口上，所以，热爱你的工作，很大程度上也就是热爱你的生活。
>
> ——迈克尔·布隆伯格（Michael Bloomberg）
> 彭博新闻社创始人、美国纽约前市长

高科技正在助长孤独。我是一名性格内向的企业家，有时候会花很多时间躲在自己的家庭办公室里，因而没有足够的时间和他人互动。我常认为，孤独和独处就好比给了自己一个"充电"的机会，但同时我也注意到，当独处的时间太长时，我就会变得孤僻，而且等到下次置身于人群中时，我会觉得有些尴尬，说话也变得结结巴巴。当然，这些只是我个人的症状。

许多研究人员都曾致力于研究孤独对我们的心智、认知能力和健康的影响。临床心理学家伊恩·罗宾斯（Ian Robbins）发现，那些被隔离在旧核掩体中的隔音房间里长达 48 小时的研究对象，会逐渐变

价值激活

得焦虑、偏执起来，而且整体心理机能也开始恶化。社会心理学家克雷格·哈尼（Craig Haney）曾对一些囚犯进行研究，这些囚犯被关押在安全级别最高的鹈鹕湾监狱的安全居住单元[①]（Security Housing Unit），与其他囚犯隔绝。他发现，这些犯人几乎都患有焦虑症，具有心理创伤。此外，许多研究指出，社会隔绝和缺少亲密朋友，对老年人群有着重大的健康威胁。

虽然你可能无法亲身体会被单独关禁闭的感觉，但我们时常会感到与世隔绝、孤孤单单。而且，随着我们频繁依赖于视频聊天和其他智能手机 App 来代替见面热聊，这种孤独感愈发普遍了。

高科技，尤其是社交媒体，使我们更容易与社会隔绝。匹兹堡大学（University of Pittsburgh）的心理学家曾对 1 787 名年轻人开展过一项研究，结果发现，每天使用社交媒体 2 小时，社交孤立的风险就会增加一倍。休斯敦大学（University of Houston）的研究人员对一些脸书用户进行了研究，观察他们是否会将自己与别人进行比较，对别人发的帖子有什么感觉，以及在浏览别人的帖子时是否表现出抑郁的症状。结果发现，人们在脸书上越活跃，在生活中就越抑郁。

没有人知道社交媒体的使用与抑郁之间到底为什么会有关联，但我个人有一套理论。当我们登录社交平台、查看好友动态时，表面上可能会为他们的成就欢欣鼓舞，或者为他们的新生宝宝献上祝福，但

[①] 在鹈鹕湾监狱，上千名监禁犯人每天长达 22 小时被单独监禁在面积只有 7.43 平方米的牢房里。这种牢房在加州被称为"安全居住单元"，没有窗户，全部是钢筋混凝土结构。监狱犯人与外界几乎是完全隔绝的。它们是加州政府在 20 世纪 80 年代为了应对日益加剧的监狱黑帮暴力而设立的。

在内心深处，我们还是感到不满足。毕竟，相比之下，我们自己的成就根本算不上什么。有了对比，我们开始觉得自己必须超过别人，并且希望在社交媒体上展示自己的成功，换句话讲，我们希望在追求成功的过程中快人一步。

在线上，我们展示了"最成功"的那一面，但我相信，人们线上分享的宝宝照片越多，线下就越不幸福。你可能正好有一些这样的朋友，他们在用自家的宝宝掩盖职业生涯或婚姻生活中的种种问题。或者你因对自己的现状感到不满而正在这么做。

最近一项研究发现，为了给他人留下美好印象，只有6%的年轻人在社交媒体上使用他们自己完全真实的照片。尽管人与人之间有一些竞争确实是良性的，但社交网络放大了我们对自身价值最深处的怀疑。我们在社交媒体上查看的信息越多，就越容易将自己的生活与别人的生活进行对比。我们觉得永远都达不到别人的标准，同时也意识不到自己在工作中的独特贡献。

高科技带来的孤独感催生了职业倦怠感

社交媒体和高科技产品的使用还会产生其他的负面结果。

盖洛普访问了超过5 000人，以研究人们在脸书上的活动与现实世界中的社交活动间的关联，结果发现使用脸书与获得幸福感存在着负相关的关系。不过即使我批评脸书和其他社交平台，但我仍是这些平台的超级粉丝。

价值激活

我的观点是,这些社交网络本该使我们的关系更紧密,它们不仅使我们变得孤独和抑郁,还对我们的身体和精神健康造成了不良影响,改变了我们对"什么是有意义的工作和生活"的看法。

这就引出了我在本书竭力证明的一点:随着高科技的应用在日常生活与工作中越来越普遍,而且这种趋势还会继续发展下去,我们处理人际关系的技能也将变得越发重要。

尼尔森公司(Nielsen)人才营销与校友关系部主任丹·克拉姆(Dan Klamm)说:"商业活动最重要的是人际关系,而建立人际关系的技能永远不能自动学会。像倾听、同理心、解决冲突、随访这样的人际关系技能,都将变得比以前更重要。高科技与社交网络平台为我们建立联系、维护关系提供了新的途径,但是和他人建立相互信任的关系,需要进行一对一的交流。"

四季酒店和度假村酒店集团(Four Seasons Hotels and Resorts)发展部主任安德鲁·米勒(Andrew Miele)认为,对年轻的专业人士来说,当面交流是个格外艰难的挑战。"尽管作为社交媒介的高科技使得人们能够跨越高山和海洋实时联系,但从长远来看,这种局面可能走向相反的一面。从行为上来看,从小就伴随着高科技长大的一代人可能会发现他们在工作中更难全心投入和集中精力,同时也更难建立有意义的工作关系。未来的公司经理可能十分渴望招揽那些有着更高注意力和更强专注力,并且展现出更强的创意能力的应聘者。"

经常和你交往的人会对你的身心健康、幸福感和满足感有所影响。当你用数字化的交流替代情感联系时,便失去了真情实感。每当你选择发信息而不是打电话，或者走几米到隔壁办公室坐一坐时，你就会失去一次和同事进行深入交流的机会。与其依赖作为工具的高科技，不如让它成为一条通往更多互动、快乐和意义的途径。

当我们在工作中得到满足时，我们会把正能量和幸福感带入自己的个人生活。我们通过有意义的工作来寻求得到满足，这些工作符合我们自身的价值观，也对我们身边的人和社会颇有帮助。

但是，当今的工作人群正面临着严重的职业倦怠问题。员工的工作时间越来越长，假期或者其他的休假时间越来越短，而且没有额外补偿。最终，由于对企业失去了忠诚度，他们开始频繁地变换工作。在与克罗诺思公司（Kronos）一同开展的一项研究中，我们发现，将近三分之一的人员流失是由疲惫造成的。

在另一项与史泰博公司（Staples）开展的研究中，我们发现一半的员工在普通工作日结束后，仍会在家里做额外的工作。经理们通常都会希望他们的员工利用晚上、周末，甚至是度假的时间来回复他们的邮件和电话。接近一半的员工感到自己没有足够的时间离开工作场所去参加个人活动。

不幸的是，这些员工的薪水并没有随着他们实际投入工作时间的大幅增加而增长。更糟糕的是，虽然员工的工资涨幅连通货膨胀的速度都赶不上，但公司利润却在增长，这使得大量员工觉得待遇不公、不受赏识，最终变得更加疲惫不堪。

我们还面临着一些严重的生理健康问题，它们影响着我们的生产力和幸福感，也妨碍了我们的满足感。精疲力竭的一个副作用就是缺

价值激活

少睡眠。美国国家睡眠基金会（National Sleep Foundation）指出，我们大多数人每晚至少应当睡 7 小时，但超过三分之一的人达不到。

此外，我们如今还缺乏营养，大约有超过三分之二的员工超重或者肥胖——部分原因是我们在办公桌前独自进餐，不和同事共进午餐，还有部分原因是我们的压力日渐增大导致的暴饮暴食。事实上，当我们询问数千名员工妨碍他们取得优异绩效的最大障碍时，有一半的人说是压力。当你焦虑不安、压力重重，眼前有一堆需要完成的项目时，你往往难以完成工作任务，也难以保持健康的体魄。

心理问题也影响着我们的健康与幸福感。在美国，大约 20% 的员工患有心理疾病，而在过去 10 年里，抗抑郁药物的服用激增了四成。由于员工的收入没有上涨，储蓄的减少使他们的压力变得更大了。

三分之一的员工难以支付家庭开销，一半的员工背负信用卡欠款，难以偿还。四分之一的员工每月难以支付最低限度的支出。一直到最后，**由于没能与同事建立深厚的友谊，员工们感到更为孤独，而当他们变换工作时，那些原本不太深厚的同事情谊也失去了，这导致企业文化变得更脆弱。**

未来职场公司与维珍脉搏公司合作开展了"全球工作联系研究"（Global Work Connectivity Study），对来自 10 个国家的 2 052 名员工与经理进行了调查。结果显示，39% 的研究对象承认他们"有时候""经常"或者"总是"在工作中感到孤独。

并不让人感到意外的是，更有可能依赖高科技与同事交流的年轻世代，往往比年长世代更加孤独（感到孤独的人群中，Z 世代和千禧

第 1 章 | 强调工作的根本意义：职场满足感

世代所占比例为 45%，X 世代占比 36%，婴儿潮世代占比 29%）[①]。

很明显，你的员工正面临着十分重大的挑战。作为领导者，你的职责就是尽你所能去支持他们，促使他们把更多注意力集中在完成工作任务上，而不是那些让他们感到有压力的事情上。最好的办法是优先考虑他们的身心健康。身为领导者，你关注自己的幸福感也同样重要。如果你自己不健康或者不快乐，员工也将受到影响。不幸的是，太多的团队（及其领导者）没有着重关注或者优先考虑身心健康。

这种忽视导致的后果令人震惊。与正常的员工相比，生活水平低的员工提出高额的健康索赔的可能性是其 2 倍，在工作中绩效差劲的可能性是其 4 倍，"出勤不出力"（也就是说，尽管人确实到岗了，但由于疾病或其他原因无法工作）的可能性是其 47 倍，缺勤的可能性是其 7 倍，根本不愿意和老板一起工作的可能性是其 2 倍。

你的公司能提供什么样的福利项目？我们的研究发现，36% 的公司推行灵活的工作时间，24% 的公司提供健康风险评估，24% 的公司让员工自选健康餐。可悲的是，超过四分之一的公司老板没有为员工提供任何福利项目。

一个好消息是，总体而言，职场的幸福感正在上升——一部分原因是它的上升具有经济意义，另一部分原因则是员工要求改变，更愿意跟随将幸福感放在首位的领导者和团队。如今，在工作场所普遍

---

① Z 世代指 20 世纪 90 年代中叶至 2010 年间出生的一代人；千禧世代指 1980—2000 年之间出生的一代人；X 世代指 20 世纪 50 年代后期和 60 年代期间出生的一代人，他们也是婴儿潮世代的下一代；婴儿潮世代指美国出生于 1946—1964 年间的一代人。

价值激活

能找到站立式办公桌、午睡室或休息室、健身房、瑜伽或冥想课程室。许多公司已经意识到,通过改善员工福利,可以降低医疗成本和缺勤率,同时提高工作效率,留住员工。

员工们很久以前就得出了类似的结论。TIBCO 软件公司的高级营销经理阿曼达·希利(Amanda Healy)说:"我不会为了工作牺牲自己的健康。我把锻炼和身心健康当成一种奢侈,一种为了生活而不可拒绝的奢侈。我每天都会为自己安排时间去跑步、举重、骑车,或者参加动感单车课程。如果没有了这种事先安排好的个人时间,我将无法保持头脑清醒(或者感觉愉快)。"

把健康管理融入你的工作和生活方式是无止境的。无论是在酒店房间跟着 App 进行短短 7 分钟的锻炼,到野外进行 32 公里的长跑训练,还是像霍尼韦尔公司(Honeywell)高级主管凯·埃利希(Kiah Erlich)那样参加长达 1 小时的拳击培训,锻炼都是人们保持身体和心理健康最重要的方式之一。

除此之外,许多人决心吃健康的食物,有些人冥想,而包括明思力集团(MSLGROUP)业务发展总监萨姆·豪(Sam Howe)在内的另一些人,则每天都在自己能看到的地方贴上鼓舞人心的箴言。昔客堡(Shake Shack)品牌营销与传播总监劳拉·伊诺克(Laura Enoch)每天早上都会和丈夫共进早餐,而 Mic 公司高级生产主管杰西卡·高尔德伯格(Jessica Goldberg)则每天都会写感恩日记。

你能做些什么来让员工获得更多提高健康水平的机会?如果你去征求一下员工们的意见,他们会很乐意告诉你。

更牢固的关系带来更多的满足感和幸福感

过去几年，我展开了大量研究，发现获得公平的报酬是所有员工首先关注的事情，与幸福感同等重要。如今的职场，和同事谈论你赚了多少钱已经不再是禁忌了，而且你可以轻易地在网上查询工资水平，确定自己是否获得了公平的薪酬（是否公平是员工在领导者身上最看重的特质）。

无论人们处于什么年龄、种族、性别、教育水平和国家，金钱都将对他们工作的公司、他们在那里能待多久，以及他们的工作绩效等方面有着重大影响。没有获得公平的报酬时，我们会感到不满、抱怨，并且试图寻找新的工作机会。因此许多全职员工都会从事副业以维持收支平衡（或者以备退休后使用），他们两眼紧盯着报酬。但是，令人满意的人生不只意味着拥有大量金钱。

诺贝尔奖得主、心理学家丹尼尔·卡尼曼（Daniel Kahneman）发现，幸福感会随着收入的增加而上升，但大约在年收入增加到 75 000 美元时，幸福感便会停止上升。在那以后，"用金钱买幸福"便不大管用了。虽然钱对员工来说很重要，身为老板的你应该给他们加薪和发奖金，但钱本身对他们的整体健康并无帮助，和他人的人际关系才是衡量长期幸福感的更好指标。

过度关注金钱及过多地盯着手机看，都限制了我们建立这些关系的能力。事实上，高科技设备确实弱化了团队中的人际关系。建立更牢固的人际关系，比金钱更能帮助我们获得幸福感。

价值激活

工作中与同事的关系不仅对你的员工和你自己的健康至关重要，而且对你的团队的长期健康发展也极其重要。加拿大蒙特利尔银行（BMO，Bank of Montreal）的个人银行数字业务主管马修·麦罗特拉（Mathew Mehrotra）表示："强大团队的真正力量在于，人们能够独立地理解他们必须做的工作，而且会做的比工作职责要求他们做的更多。"他补充说："我认为，核心的问题实际上是领导者与他们的团队之间的深层次联结。我在这方面已经走得更远。我对这里的领导者十分忠诚，因为我认为他们的愿景是正确的。他们是我所尊重的人，所以，在同等基础之上，我从我的团队中收获了更多。"

贝恩资本（Bain Capital）投资者关系高级合伙人莱奥尔·拉德比尔（Leor Radbil）也同意这一观点。他说："和我身边的同事保持良好关系是非常有益的。首先，它让我每天的工作都变得愉快起来。更重要的是，我们的友谊和相互之间的熟悉，使得工作更容易开展。我很乐意向同事寻求帮助，他们也乐意向我提问或寻求建议。"

西门子医疗系统有限公司（Siemens Healthineers）全球营销经理费利佩·纳瓦罗（Felipe Navarro）很好地总结道："绩效优异的团队的基础是信任，而信任只会随着人际关系的发展而发展。"

如果你和你的团队成员建立了牢固的关系，他们就会更努力地工作，并在你身边待得更久，而你也会更有成就感。

良好的人际关系可以缓解管理项目的瓶颈，即使是在困难不可避免的时候，也能使工作更愉快。专注于与团队成员建立更加牢不可破的关系，有助于你满足自己的需求，同时帮助团队完成工作。

第 1 章 | 强调工作的根本意义：职场满足感

如何获得个人和团队的满足感

我们都有基本的人类需求，只有满足这些需求，我们才能获得成就感。了解一下美国著名社会心理学家亚伯拉罕·马斯洛（Abraham Maslow）的需求层次，你便会发现，在满足了生理和安全需求之后，人们接下来会着重关注归属感和爱。我们与同事和朋友之间的关系，比我们对自尊和自我实现的需求更重要。

百加得（Bacardi）的新一代首席执行官尼姆·德·斯沃特（Nim De Swardt）说："在工作场所，归属感是一种基本的人类需求。与我合作的人的素质，以及给我带来真正意义的工作，是我存在的核心。"

然而不知道什么时候，风向突然变了，我们略过了人际关系，一心只想着让自己感觉良好（自尊），并且在我们的事业上领先于别人（自我实现）。

例如，你可能决定继续从事另一个会对自己的职业生涯更有帮助的项目，而不是帮助你的某个员工完成他们的项目。事实是，帮助员工完成他们的项目，将强化你们之间的关系，并且满足你们对归属感的共同需求。

这对你的精神状态有利，反过来又会让你变得更有效率、更加快乐。此外，你的同事也会更有可能为你努力工作。

我在采访谷歌前人力运营副总裁拉兹洛·波克（Lazlo Bock）时，问他员工会为了什么而留在公司。他说："影响最大的原因是他身边的其他人。留下来的员工，往往感到周围都是好奇心强和饶有趣味的

价值激活

人,那些人想对世界产生重大影响。"留住员工的,不是零食、游泳池、免费啤酒、食物或者无人驾驶汽车,而是人。我们与同事的关系密切,会让我们在公司里工作得更长久、更有满足感。

你的团队成员可以帮助你解决问题,做你没有时间做的工作,如果你允许的话,还可以做你的朋友。维珍脉搏公司总裁兼首席医疗官拉吉夫·库玛(Rajiv Kumar)告诉我,在工作中有好朋友至关重要。拉吉夫说:"当你正在努力做的事情没有按照你的方式发展时,当你和你认识的某个人关系变得很糟糕时,或者当你尝试做某件事情失败时,如果你在工作中拥有非常亲密的朋友,他们就能让你振奋起来,促使你变得更加积极,这太重要了。"

在当今职场,成功的领导者也通过帮助同事增进幸福感的方式来提升他们自己的幸福感。盖洛普公司在一项对超过500万人的研究中发现,在工作中拥有较好朋友关系的人,更加全身心投入于工作之中的可能性是其他人的7倍——工作更加高效,而且更具创新意识。但只有不到三分之一的员工在工作中拥有较好的朋友关系。正如我之前提到的,我们花费了大量的时间来工作,却牺牲了我们的个人生活。

最起码,无论我们是什么年龄、性别或种族背景,我们都有着基本的人类需求,想要与他人建立深厚的联系,感受到被爱,也感受到自己的重要性。通过满足这些需求,我们将更快乐、更充实,从而在团队中更有成效、更为成功。成为领导者,就是为了给你自己和你的团队创造满足感,当你这样做时,工作中真正的魔力就会出现。

到目前为止,我在这一章中已经至少有12次使用了"满足感"

这个词或者它的一些变体。这是一种很容易定义的词，但对不同的人来说可能有着截然不同的意味，尤其是当我们在工作中谈论它的时候。那么，满足感对你来说意味着什么？让我举一些别人说过的例子。

《大西洋月刊》(The Atlantic)的高级编辑德雷克·汤普森（Derek Thompson）说，他的满足感"不在于成就，而在于学会追求成就的过程"。蓝多湖公司（Land O'Lakes）电子商务、移动与新兴技术部门主管山姆·维奥莉特（Sam Violette）说："从我对自己的公司或同事产生积极的、可衡量的、有形的影响之中产生的满足感，是无与伦比的。"阿迪达斯高级项目经理维姬·吴（Vicki Ng）需要持续不断地成长和学习，维珍脉搏公司首席医疗官拉吉夫·库玛则需要智力上的挑战。

对于卡斯珀公司（Casper）首席执行官菲利普·克里米（Philip Krim）来说，与聪明、主动、富有同理心的人一起工作，就能带来满足感。美国运通公司（American Express）负责全球消费者服务的首席财务官罗茜·佩雷斯（Rosie Perez）认为，当员工在职业生涯中取得成功时，她最有满足感。她说："我感觉最好的那些日子是，为我工作的人完成了一个大项目，做了一次精彩的演讲，或者找到了一个非常好的新岗位。"

首先，让自己获得更多满足感

当你在工作中获得满足感时，你就离自己的人生目标又近了一步。这是你不断提升自己并作出改变的旅程。每当我们试图与他人竞争或比较时，往往会破坏自己的满足感。如果你看到朋友在脸书上分享他

价值激活

们将要创办一家公司,这并不意味着你也应该辞掉你的工作去创办一家公司。他们根据的是"是什么让自己有满足感"而做出创办公司的决定,而让你产生满足感的东西,可能不会与他们的完全相同。

关于满足感,最酷的是它非常个人化。尽管你需要团队的帮助来完成自己的目标,但最终是否有满足感,依然取决于你是否有对自己负责。当然,满足感的好处有很多,比如,当你有满足感时,自然就会有一种积极的态度,对正在做的事情有一个更加清晰的方向。

定义你自己的满足感

回答下列问题,帮助你定义自己的满足感:

- 你最喜欢做什么?
- 你过去的成绩显示了你在哪些方面具有优势?
- 你的核心价值观是什么(冒险、挑战、贡献、尊重)?
- 什么事情能给你带来积极的感觉和舒畅的心情?
- 你认为你未来的前景如何?为什么?

以下是几个名人定义他们自身满足感的例子:

美国黑人作家、诗人、剧作家、编辑、演员、导演和教师玛雅·安吉罗(Maya Angelou)说过:"成功就是喜欢你自己,喜欢你做的事情,喜欢你做事的方式。"

维珍(Virgin)品牌创始人、在全世界都引人注目的"嬉皮士资本家"理查德·布兰森（Richard Branson）说过："你越是主动地、亲身地参与，就越能感受到自己的成功。"

著名畅销书作家，"心灵之王"和"替代医学的诗人和先知"迪帕克·乔普拉（Deepak Chopra）说过："让幸福感持续增长，让有价值的目标逐步实现。"

下一步，帮助你的团队获得满足感

如果你去乘坐飞机，机组人员在起飞前进行安全演示时，总是会说："如果您和孩子或者需要帮助的人一同旅行，请您先戴好你自己的氧气面罩，再去帮助其他人。"

同样，涉及幸福感时，只有你对自己的需求有信心，你才能够（而且也应当）成为你下属的榜样。研究表明，幸福感是会感染的，也就是说，如果你的幸福感很强烈，那么你积极向上的状态就会影响到你的同事。

作为领导者，你处在独一无二的位置，可以确保下属员工满足他们自身的需求，并且鼓励他们参加公司提供的与身心健康相关的各种项目。但是，你首先需要了解员工的需求，才能帮助他们获得满足感。那么，怎么去了解呢？

首先，你要和员工进行一对一的对话。脸书绩效管理部门负责人维韦克·拉瓦尔（Vivek Raval）说："太多的时候，帮助团队成员实现目标最简单的方法，是先问他们的目标是什么。许多时候，我们总是很容易根据员工的立场和我们对他们处境的看法来胡乱地猜测，但

价值激活

当直接听到他们说出自己的目标时,我们会惊讶地发现,那和我们猜测的截然不同。"

一对一对话,了解员工的需求

你:我想花点时间和你谈谈你的目标,看看我能做些什么来帮你实现它。

你的团队成员:我想成为这家公司的市场营销主管,并希望能够在60岁之前退休,就像我的父母那样。

你:太好了!让我们围绕你在这家公司如何进步,以及怎样提高个人收入来制订一个职业发展计划吧,这样你就可以在你想退休的时候退休了。我们每个星期聚一下,每一次我都可以为你提供一些指导。我会给你一些新的项目,以帮助你在这里获得更多的曝光度和认可。

你的团队成员:谢谢您的支持。我将给您发送一份议事日程邀请,以确定这些培训课程的时间。

拥有满足感的 5 个特征

拥有满足感既不简单也不容易。你需要关注几个关键因素,确保自己过上幸福美满、高度和谐、有意义的生活。让我们更深入地探讨获得满足感的这五个方面。

联结:与你的团队成员建立密切的联结,可以让工作更有意义和更加愉快。缺乏这种联结，工作便会变成一件苦差事——不仅容易制造交往隔阂，还容易破坏团队的创造与创新。你可以通过鼓励团队成员互相支持来建立联结。这可能意味着你要保证自己和他们进行更多的面对面谈心，并且参加共同的社交活动。只有这样，你们才能增进彼此之间的了解。

价值观：如果你的价值观之一是真诚，那就在你的团队中创造并支持一种坦率和诚实的文化。你应该乐于分享你与高管的个人信息或谈话摘要，这将展示你的真诚，并有助于建立信任。你的价值观体现在你的行动之中，所以，你越是将它们外化于行，也就越能将它们内化于心。

目标：仔细思考你过往的经历与你已经做出的决定之间千丝万缕的联系。比如，我的人生目标便是支持我们这一代人从学生到 CEO 的整个职业生涯。我所做的每一个决定，都必须与这个目标保持一致，并且让我能够追踪观察自己在实现这个目标的进程中走到了哪一步。

开放度：许多人害怕改变，因为改变本身几乎是不可预测的。但作为领导者，你需要对改变敞开心胸。当你在招聘新的团队成员时，要寻找那些和你秉持不同观点而不是相同观点的人。在你目前的团队中，保持开放度往往意味着与拥有不同背景和世界观的新朋友见面交谈。与其保守公司的秘密，不如向团队吐露秘密，这样可以建立信任。这也意味着勇于表达而不是深深隐藏你的真实感受。如果有什么事情困扰着你，请与团队成员分享，这样的话，他们也会对你敞开心扉，并且更好地理解你。

价值激活

成就感：这不仅是我们渴望获得的，也是我们在完成某件事情时产生的感受。如果你希望取得更大的成就感，那就设定更多目标，并且确保它们可以实现。较小的目标可以引领你迈向更大的目标，会在不同的时间段给你不同程度的成就感。

这5个特征对你的工作经历、健康和幸福感有着直接的影响。如果你自己都没有满足感，那就无法帮助团队成员获得满足感。为了评估你在每个问题上的表现，请填写以下报告单（见表1.1），用"是"或"否"回答每个问题，然后把所有的"是"累加起来。

表1.1 满足感报告单

表现	是/否
我觉得我的人生缺乏真正的意义。	
我经常在工作中感到厌倦，不想迎接挑战。	
我从这个项目跳到那个项目，却不清楚自己前进的方向。	
我感到我没有将自己的核心价值观与工作联系起来。	
我觉我和团队成员相互隔绝、距离遥远。	
我很少在会议中公开发言，因为我害怕被否定。	
我在财务上捉襟见肘，这影响了我的工作。	
我对自己能否改进当前的工作状况没有信心。	
总计	

如果你的答案中只有不到 5 个"是",这表明你有着强烈的幸福感和满足感,拥有相互信任的人际关系,能够把事情做好,而且心态健康。如果你的答案中有 5 个或更多的"是",这表明你需要与团队建立更多的信任和更加深厚的关系,需要更多地思考什么才能使你的生活有意义或者让你倍感自豪。

既然你已经了解了怎么做才会有满足感,那么,相信你已经准备好规划自己的未来,以便强化这 5 个特征了。看看下面这个表(见表1.2)。在"当前"一栏中,根据你做得有多好来给这 5 个特征排序。在"优先"一栏中,根据你最需要改进的方面给这 5 个特征排序。

表1.2 强化个人满足感

	个人满足感的特征	当前	优先
联结	拥有正向的人际关系。		
价值观	使你的个人核心信念与工作一致。		
目标	赋予你人生意义的事情。		
开放度	你能够适应不同的人、情况以及各种变化。		
成就感	完成任务并实现目标。		

高科技设备让我们误以为它们在帮助我们与他人建立联结,但实际上,它们是一种障碍,会破坏和削弱人际关系。我曾见过在一间办

价值激活

公室里距离仅隔 30 厘米左右的同事在互相发短信。这时我们就会忽略人们的各种身体语言、情绪以及情绪的激烈程度。

维珍脉搏公司的拉吉夫·库玛说："通过信息、邮件和在线平台来交流，我们很容易迷失，而且会把自己隐藏在这些高科技的背后。只有当我们打电话或者亲自去见某个人的时候，才算是与他真正建立了联系。这是我们在工作中取得成功，获得满足感的唯一途径。"只要你放下手机，向几步之遥的某个人走过去，便能更快地解决问题。

高科技设备也使我们更难表达自己的价值观，因为人们对信息和电话的解读，与在面对面交流中的解读不同。

假设你很重视同理心，而你的员工某天心情不好，向他发送一个表情符号似乎可以表达你对他的不幸深感同情，但事实并非如此。在向他人表达你的价值观和感受时，没有什么可以替代基本的、面对面的、人与人之间的交流和互动。

高科技设备还可能妨碍我们实现目标。例如，当我们花大量时间去观察他人的最新动态时，我们往往会拿自己和他们进行一番比较，这会触发我们天生的竞争本能。由于很多人在社交媒体上夸大了他们的成就，看到他人的动态很可能使我们感到不满足，致使我们怀疑自己的目标和目的，甚至开始采用他人的目标。

照片墙（Instagram）公司工程经理丹尼尔·金（Daniel Kim）提出了一个有趣的观点。他告诉我："社交媒体让你更容易与同事保持松散的联系。然而，要建立能够转化为终生友谊的深厚而有意义的人际关系，这仍然需要双方付出努力。总体来说，我认为高科技使我能与同事保持更轻松的关系，但并没有影响到我拥有真正有意义的工作关系。无论是从数量上讲还是从深度上讲，都没有影响。"

高科技设备可以帮助我们更好地适应环境的变化，并且与多样化的、分散的员工队伍联系起来。但与此同时，它也会让我们变得更加狭隘，促使我们只着重关注与我们自己同属一类的人。我们都只关注自己的朋友或朋友的朋友，加入与我们有着共同兴趣和目标的线上群体，因此接触不到与我们经历不同、观点相左的人。

我们的世界观为我们的思想、信仰和行动提供了框架，是我们接触过的所有东西和体验过的所有经历的产物，它从童年时期就跟随我们，并一直伴随我们到成年。我们花越来越多的时间在网上浏览新闻、了解信息和想法，这影响了我们的认知能力、道德观和行为。

在美国，通过在线方式从新闻网站、应用软件或社交媒体上获取新闻的人与通过看电视获取信息的人一样多（43%∶50%）。在社交媒体上，我们有意地关注新闻媒体和名人，但总会无意中收到某种算法发送给我们的建议。我们有目的地搜索信息以确认我们自己的想法，并且被投喂着社交网站希望我们知道的新闻报道。

来自意大利的几家机构和波士顿大学的研究人员曾对2010—2014年人们在脸书上讨论的话题数据进行分析，结果发现，我们搜索的信息强化我们固有的观点，让我们确信它们就是真理，并主动传播出去。这种无意中的狭隘习惯，使我们仿佛生活在回音室里，它降低了我们接受不同想法和对他人产生同理心的能力。

正因为如此，我们更需要了解高科技到底是如何影响着我们的观点的，并且也需要对其他观点持开明的态度。你可以首先从某个和你持不同政治观点或社会观点的人或媒体那里开始。尽管一开始这可能会让你感到不舒服，但听一听不同的意见，会促使你变得更全面、更见多识广，并且对职场中的其他同事敞开胸怀。

满足员工的需求，也是为了你更高效地管理团队

找到你自己的满足感，是一种高尚的、史诗般的追求。但更重要的是，你必须明白自己绝不可能时时刻刻都有满足感，而且，你可能无法在自己生活中的各个方面都获得满足感。**你通向满足感的旅程，首先从确定你到底要去哪里开始。要做到这一点，唯一的方法就是实验、反思，并在此过程中获得反馈**。我花了好几年的时间才弄明白是什么让我有满足感、我擅长做什么，以及我身边需要些什么样的人，这样一来，我就能用他们的优势来弥补我的劣势。

每当和那些感到失落和需要有人指引方向的人交谈，我总是建议他们尝试多种选择。你做得越多，就越能意识到自己不想做什么和喜欢做什么。当你找到了你喜欢的活动时，就可以把更多时间投入其中。

无论什么时候，只要你开始尝试一项新的活动、项目或者任务，就花时间想一想它给你从内到外的感觉是怎样的。如果你在做某件事的时候容光焕发、兴奋异常，那是你的大脑和身体在给你提示，告诉你应该更经常地做这件事，因为这件事可能会引领着你找到更富满足

感的事业。而让你的员工受益往往能给你带来满足感。

想想你应该怎样丰富他们的生活，满足他们的需求吧。帮助他人，会让你更好地了解自己的目的、道路和目标。

从个人层面了解你的同事。你越了解他们独特的情况、人生目标、激情、恐惧和障碍，就越能帮助他们。当你了解了"真正的"他们时，便会更欣赏他们，也更容易与他们建立长久的联系。

我想让你知道的是，在维珍脉搏公司的研究中，只有20%的员工说他们在当前的工作中有满足感。什么能让他们觉得更有满足感呢？有31%的人说是更大的灵活性，有29%的人说是有意义的工作，也有26%的人说是有一个支持自己的团队。

倾听员工的意见，不要打断他们。这表示你尊重他们，将有助于你更好地解决他们的问题。这还表明你愿意按照他们的观念、想法和感觉去做。一旦他们说完了，总结一下他们所说的内容，便可以确定你听到的与他们真正表达的是否一致。

和团队成员共同确立高科技工具的使用界限。比如有的同事就不想被你拉到社交媒体上，除非你已经和他们建立了个人联结。

消除影响员工产生满足感的障碍。在影响团队成功的障碍之中，有一个经常被忽视的障碍便是团队中的绩效不佳或态度不好的员工。炒掉那些会对团队士气产生负面影响，并且妨碍他人实现目标的员工，这比让他们留在团队之中毒害团队其他成员要好得多。

和员工联系，问问他们是怎么工作的，以及他们是否觉得自己正走在正确的道路上。这要求你与员工进行一对一的面谈，以帮助提升

价值激活

员工能力。在面谈的时候，你需要指导和引领他们，并且给予他们在生活和事业上取得成功所需的培训与鼓励。

赋予团队更多的责任。这将确保他们感觉到挑战，有助于他们弄清楚自己喜欢做的和擅长做的，以及不喜欢的和不擅长的。

表扬团队成员，发现他们的优良品质。人们希望看到自己的积极面，你的反馈有助于引领他们找到更有成就感的职业。

面对面对话，主动倾听需求

当你的团队成员感到和其他同事有联系、受尊重并且觉得安全时，他们会更有可能留在你的公司，为你的公司创造正能量，从而吸引新员工的加入。你要营造安全的环境，让员工能够没有压力地和你分享他们是什么样的人，他们的需求是什么，以及未来的目标是什么。

进一步说，如果你希望他们为你做某件事情，那么重要的是先帮他们实现目标。当你这么做的时候，考虑一下高科技发挥的作用，以及它是怎样使你疏远团队成员，尤其是那些从事远程工作的员工。

霍尼韦尔公司高级主管凯·埃利希说："我领导着一家科技公司，但有的时候无法忍受工作场所中的高科技设备。如果你和员工不经常见面，那么电子邮件、即时信息、手机、电话会议等沟通都是失败的。"面对面的交谈，或者至少是视频会议，是必不可少的。如果没有这样的沟通，员工很容易对自己的贡献是否有用感到不安，或者感到被拒绝、被误解和不受尊重。

为了帮助你更好地理解如何处理关于幸福感的重要对话，我提供了一些示例。

对话 A

你：和我谈一谈过去一年里你在这个团队工作的经历吧。

你的团队成员：我觉得自己得到了公平的报酬，我真的很喜欢我的工作，但是，我和同事的关系并不牢固。我感到离他们很遥远，这可能是因为我从事着远程工作。我没有和他们见面交谈过，但我知道这种交流和其他方式的交流是不一样的。

你：我建议你每周至少来一次我的办公室，我们安排一个会议，这样，你就可以和团队的其他员工交流了。我们还会每月举办一次团队社交活动，以便你从更加私人的角度了解他们。

对话 B

你：我们的团队正在经历重组，我给每个人分配了一个新的岗位。可以申请的岗位包括电子邮件营销、社交媒体和移动开发。我觉得你是我们的社交媒体专家。

你的团队成员：我觉得我在电子邮件营销的岗位上更好一些——我甚至都没有在脸书上创建过账户。

你：我知道这个改变对你来说很难，其实我们所有人都一样。给我看一看你写过的邮件或者你做过的营销活动吧。

价值激活

对话 C

你的团队成员：我很感激你把这个项目分配给我，但它的意义是什么呢？

你：这不是一个诱人的项目，但会影响到很多人，并且让我有机会评估你的行动。我会更好地了解你是怎样工作的，以及我将来应该给你分配哪些项目。

这些对话的目的是帮助员工提升成就感，并且增进幸福感。在对话 A 中，你向员工表示，你理解他们的担忧，并致力于帮助他们进步。通过询问团队成员的感受，提到他当前面临的问题并加以解决，你表达了对他的尊重和关心。

在对话 B 中，你着重关注的是员工适应变化的重要技能，以及这将如何带来个人成就感。你会惊讶地发现组织的重组和岗位的变换有多么频繁。你列出了三个新的岗位，希望确保每一个岗位都有最合适的人选。尽管你可能认为坐在你对面的团队成员十分适合社交媒体岗位，但他显然有不同的想法。你请他拿出他拥有适当技能的证据，给了他一个机会来证明自己有可能在这个岗位上取得成功。

在对话 C 中，你向员工解释某项任务为何重要，将帮助团队成员更好地理解这项任务以及他在其中的角色。在这三段对话中，你必须倾听员工的需求，然后想出怎样在可能的情况下满足他们。有的时候，如果你不直接问他们，就不会知道他们的需求是什么。

实现工作与生活有效融合的 3 个秘诀

为了更有满足感，也为了让你对自己和你的团队成员的幸福感有更深入的了解，你要改变你的心态。回想我在一家《财富》200 强公司全职工作时，大多数员工每周的工作时间都超过了 40 小时。后来，我采访了这家公司的人力资源主管（如今他已不再担任这个职务了），他当时说的一些话，我永远都会记得。

他说："工作和生活之间的界限是模糊的。我们必须确保我们的员工在工作时可以做一些私人的事情，因为我知道，他们在下班时间也会做一些工作上的事情。"经他这么一说，我对工作与生活保持均衡的整体看法发生了改变。

十年后，我采访理查德·布兰森时，他的观点强化了这一新的现实。他说："一个人在家里的生活和工作中的生活应当没有区别。如果在家里你觉得环境很重要，那么，工作场所的环境也应该很重要。如果在家里你有朋友，那么，在工作场所你也应该有一样多的朋友。"

事实是，"工作与生活保持均衡"其实是一个错误的观念，这很大程度上是因为这个短语本身产生了以下三种暗示：

1. 我们的人生只有两个组成部分：工作和生活；
2. 这两者是分开的；
3. 我们会在两者之间平均分配时间。

价值激活

威瑞森公司（Verizon）美国西部广告平台营销和媒体主管贾斯汀·奥尔金（Justin Orkin）说："平等分配的均衡并不完美，我认为，我们越是尝试着制造这样的均衡，便越是给自己增添了更大的压力，随着时间的推移，这反而会造成另一种不均衡。"离开办公室、关掉电源，就可以完全不管工作上的事情，这样的日子已经一去不复返了。如今，我们生活在一个全天候都保持着联系的商业环境中。哪怕你离开办公室或者去度假，你的公司也不会停止运营。

这就是我为什么更倾向于考虑工作与生活的融合而不是平衡，因为前者在我们生活的方方面面创造了更多的协同效应，使得我们能够掌控自己分配时间的方式。

换句话说，这是一种能力的体现，表明你能将个人事务与职业场所要做的事情结合起来，并且在这两方面都能成功。临床心理学家玛丽亚·西罗伊斯（Maria Sirois）说："工作与生活的融合，可以减轻压力、增大成就感。"我在和金宝汤公司（Campbell Soup Company）CEO 丹尼斯·莫里森（Denise Morrison）交谈时，她承认，工作与生活的完美平衡，并不总是能够做到的。她说："我始终认为，要将工作与生活融合起来。你可以做好一切，但不是一下子就做好。你可以把家里要优先处理的事情与工作中要优先考虑的事情结合起来。"

作为领导者，一方面，你要支持那些在工作中需要一定私人时间的员工，他们也许必须给年迈的父母打个电话，或者请一个上午的假去陪孩子；另一方面，这些员工也得承诺完成工作任务，即使是利用晚上、清晨，或者周末时间。

第 1 章 ┃ 强调工作的根本意义：职场满足感

工作与生活的融合需要左右权衡。职业生涯初期就进入汤森路透集团（Thomson Reuters）的人才与发展副总裁伊洛娜·尤尔凯维奇（Ilona Jurkiewicz）说："**我坚信，如果你想进步、成长，并且在责任重大的岗位上工作，就绝不可能真正将工作和生活分隔开来。相反，在我看来，这两者是一种共生的关系。**如果我需要在一天中处理一些私人的事情，我会去处理。如果我得几个晚上加班到很晚，我会先把个人的事情放一放，把工作上的事做好。"

如何实现工作与生活的有效融合呢？我们需要做到以下 3 点：

尊重你们的界限。了解你的界限，将其传达给你的团队成员，同时了解并接受他们的界限。如果你在午餐期间想要静静地思考你的人生，或者你得每天早上送孩子上学，那么，你可以向你的团队成员公开说明。与此同时，询问员工们的界限是什么，这样你就知道哪些话题是不受限制的，他们的个人需求是什么，或者他们在工作日可能需要做些什么。

伸展台租衣网（Rent the Runway）联合创始人兼业务发展主管珍妮弗·弗雷斯（Jennifer Fleiss）说："（工作与生活的）界限并不清晰，不管我走到哪里，我都随身带着手机，而且，别人总是可以联系到我。这么做，一方面提高了工作效率，也使得员工可以在家工作或把工作任务放到稍后完成；另一方面，我需要有意识地去关注我的孩子，而不是总在分心！"

对美国学乐教育集团（Scholastic）的技术副总裁斯蒂芬妮·比克斯勒（Stephanie Bixler）来说，工作与生活的界限非常清晰。她告诉我：

41

价值激活

"我的目标是每天至少陪女儿两个小时——上班前半小时，回家后和睡觉前一个半小时。虽然我想花时间陪一陪女儿，但这不仅仅是'想要'陪，而是'需要'陪，因为托儿服务只在上班时间提供。"

控制使用高科技设备。当你需要休息时，就在一天中的某个时刻关掉手机，以控制高科技设备的使用。在当今社会，关掉手机是一个明确的信号，表明你已经下班了。这并不容易做到，但你可以从约同事共进晚餐或者从公司下班回家时开始，先尝试关掉手机。

在某一时刻，你可能想在工作和个人生活之间作出清晰的划分。阿迪达斯的维姬·吴在度假时，会将手机上的电子邮件应用软件删除，并且要求人们在紧急情况下才能给她发短信。就我个人而言，我不确定自己是否有足够的勇气去做这件事！

掌控你的日程安排。制订一个适合你的时间表，使你能够获得成就感。如果你上午的工作状态最好，那就早点到办公室，干完工作后早点下班。如果你的某个团队成员也是如此，那就同样灵活地安排他的工作时间。你的团队成员负责为你的公司取得业绩，你也应该想尽办法支持他们，帮助他们实现目标。

价值笔记
Back to Human

获得职场满足感的有效途径

专注于人际关系而非要完成的工作任务。

你和你的团队关系越牢固,就越能完成更多工作任务。说到我们的生活需求时,与每周至少 40 小时都在一块儿工作的同事建立牢固而深厚的人际关系,比我们要完成的工作任务重要得多。如果我们和团队成员的关系不牢固,就很难完成任务或者实现我们(以及他们)的目标。

确定是什么让你在工作中有满足感,并与团队成员举行面对面交谈,了解他们的需求。

你需要与你的团队保持一致,帮助他们实现目标,而不仅仅是实现你自己的目标。这些关于满足感的讨论,将使员工愿意为你工作更长时间,因为你已经证明了,你在尽全力帮助他们取得成功。

努力做到工作与生活的融合而不是平衡。

思考一下你在工作和个人生活中想要完成的最重要的事情,然后围绕这些事情来安排你一天的时间。

第 2 章 避开"科技时代式低效"

> 如果你只付出了普通的努力,得到的便是普通的结果。如果你付出了艰苦的努力,便会得到非凡的结果。
>
> ——史蒂夫·哈维(Steve Harvey)
> 美国著名情感顾问、电影演员、作家

我们已经配备了各种各样的高科技设备,安装了形形色色的应用软件。从表面上看,它们似乎能保证我们取得积极的结果,让我们变得十分专业,足以同时处理多重任务;然而,它们却分散了我们的注意力,降低了我们的工作效率,并且耗尽了我们头脑中的所有创造力。

在过去10年里,各公司放缓招聘速度,巩固自身团队,但创新与竞争的压力与日俱增。"用更少资源做更多事情"的口号已成为一种驱动世界各地公司的理念。要求员工在提高生产率的同时变得更加高效的这种愿景,如今已变为巨大的压力。员工们精疲力竭、怨声载道,并且厌倦了工作时间越来越长、工作强度越来越大、没有额外报酬和私人时间被挤占等现状。结果，他们跳槽的频次越来越高。

我们在一项研究中发现，几乎一半的人员流失是由于倦怠造成的，每出现一名员工流失，老板便要损失数千美元，包括与医疗保健相关的费用、工作效率的损失，以及填补职位空缺所需的招聘与培训费用。虽然使用互联网设备来最大限度地利用资源看起来是个好主意，但这样做的后果令人沮丧。

今天，短信、电子邮件以及各种高科技设备正在占用我们的时间，让我们很少能与其他人面对面交流。几项研究表明，上班族平均每天会收到上百封电子邮件。我们过去常常抱怨电话铃声和有人冷不丁敲办公室的门让人分心，但和现在通过高科技设备收到的大量信息相比，那些都不值一提。我们收到的信息越多，查阅与回复的时间就越长。不幸的是，一天只有 24 小时。我们唯一能做的只有合理分配时间。

我们在使用这些工具时获得的过度刺激，使我们低估了自身的认知能力，而这种认知能力对提高工作效率至关重要。当你不断地从手机中听到（和感觉到）提示音时，你的精力就会被分散。你也许会感到莫名兴奋，将注意力从工作中转移出来，集中到其他一些可能不那么重要的事情上。

加州大学尔湾分校（University of California, Irvine）的格洛莉亚·马克（Gloria Mark）教授说："这些通知信息正在损害我们专注于单项任务的能力。"自 2004 年以来，她用秒表追踪记录员工的活动，对其行为进行计时。在早期的研究中，格洛莉亚发现，员工每隔三分钟就会转移注意力。到 2012 年，员工保持专注的时间缩短为一分多钟，

价值激活

到 2014 年还不到一分钟。我们已成为那些高科技设备的奴隶，无法专注于工作中的重要事情，而它们原本是专为服务于我们而制造的。

尽管这些工具可以很容易地管理我们的日历，追踪我们的任务，并且快速给同事发送信息，但信息提示不停"轰炸"，使我们忘记了时间，而等到我们意识到这一点时，工作日已经过完了。几乎百分之百的员工承认在工作日时会被其他的事情分心，其中有近六成的干扰来自某种传递消息的设备。

这应当对你个人和领导者都很重要，因为把这些干扰的影响累加起来时，公司平均每年会损失超过 1 000 万美元，或者说，在每名员工身上的损失超过 1 万美元。消除这些分心的事情，专心致志地完成一项任务，可以使我们减轻压力、提高效率，在工作中更加快乐。

作为领导者，你应该鼓励员工花更多时间与人面对面交谈，而不是通过高科技设备交流。研究人员马赫德·罗格汉尼查德（Mahdi Roghanizad）和凡妮莎·伯恩斯（Vanessa Bohns）找来 45 位志愿者，要求他们每个人请 10 名陌生人填写一项调查问卷。每位志愿者必须使用一致的脚本对陌生人发出相同的请求，唯一不同的是，对于其中的 5 名陌生人，志愿者会通过电子邮件来发送请求，而对于另外 5 名陌生人，志愿者则会面对面地提出请求。志愿者在向陌生人提出请求之前，必须预测有多少位陌生人会同意完成这项调查。两组志愿者估计，这两组陌生人中，应该各有一半会同意请求。

事实证明，他们都猜错了。结果如何呢？在让陌生人填写调查问卷时，面对面的请求比电子邮件请求的成功率要高出 34 倍。

美国国际开发署（US Agency for International Development）前首席演讲稿撰写人丹尼·盖纳（Danny Gaynor）向我介绍了一个很好的例子，证明了面对面沟通的影响远胜电子邮件交流的影响。

在一项重大声明（"世界最大国家联盟承诺将致力于防止5岁以下儿童夭折"）即将发布的前一天，丹尼和他的老板花了大量时间精心制作演示文稿、短信内容、电子邮件内容等。数十位来自肯尼亚和印度等国的领导人都将乘飞机前来参加这一重要声明的揭幕仪式。丹尼在制作这份演示文稿，阐述美国致力于拯救世界各地数百万名儿童生命的愿景时，却觉得自己被隔绝了，感到精疲力竭。

"我永远忘不了，当我站在后台时，首相、内阁官员和我的老板都在几英尺（1英尺=30.48厘米）开外的地方等着。由于我和老板始终都是通过高科技设备来工作的，我们一直没在同一个房间里，所以在他上台之前，我们根本没有机会仔细研读一遍他的演讲稿。快要上台的时候，我接到紧急任务，开始抢时间删除一些照片，移动一些图表，并且修改了有关阿富汗、尼泊尔和哥伦比亚的敏感词汇。最后，老板猛地喝了一杯水，看了看我，深吸一口气对我说：'但愿演讲顺利。'接着在世界上最有权力的人们的注视下走上了演讲台。"

这次经历让丹尼知道了面对面交流在解决关键问题上的重要性，

价值激活

也使得他目前在耐克公司的"讲述、创新和执行"团队中变得更加高效。丹尼告诉我:"我收到的反馈很慢,而且常常令人困惑,表述得也有些不清不楚。假如我能和老板在同一个房间里面对面地润色演讲稿,哪怕只有10分钟,我都能完成在高科技设备上要花几个小时才能做完的事情。"高科技对我们的确有所帮助,但有时候,对于一些重大项目,最有效的解决方法反而是几个人围坐在笔记本电脑前,一同想出解决某些重要事情的正确方法。

3个动作避开高科技滥用陷阱

具有讽刺意味的是,尽管电子邮件是我们开展工作最常见的方式,但在很多情况下,它也是最为适得其反的——经常妨碍面对面的交流,导致工作效率降低。学乐教育集团技术副总裁斯蒂芬妮·比克斯勒说:"电子邮件是工作效率的头号敌人。人们过于依赖电子邮件的时候,会在没有看到解决方案的情况下不断升级问题,而且,电子邮件还会使人们无法分清责任归属。"

在我的公司所做的研究中,有超过一半的参与者说,更多的现场交谈可以减少收到的电子邮件数量。在维珍脉搏公司的研究中,差不多有三分之一的人承认,与同事多花点时间交流,能让自己更有效率。在安联集团加拿大分公司所属的安联全球企业及特殊风险公司(AGCS),其CEO兼首席代理官乌利希·卡多(Ulrich Kadow)说:"通过电子邮件交流,人们无法弄清楚很多事情的来龙去脉。而拿起电话或者当面与同事交谈，往往是解决冲突最好和最快的方式。"

彪马公司女装部的商品经理凯蒂·瓦尚（Katie Vachon）也同意这一观点。她说："我们可能坐在同一间办公室里，从各自的电脑上发邮件，就是不走过去和别人聊天。结果，我们发送的电子邮件越来越多，最终造成了信息混乱。"所以，与其让电子邮件发来发去，并祈祷他人接受你的想法或产生你想要的效果，不如面对面聊一聊，花几分钟时间解释你想要怎么做，以及为什么这么做。

经理们必须应对资源更少、压力更大的问题，以实现更宏伟的目标。贝恩咨询公司（Bain & Company）的一项研究估计，一位普通的经理在其每周 47 小时的工作时间里，不受干扰的时间不到 7 小时，他们有整整 21 小时都在参加会议，另外的 11 小时则在管理电子邮件。他们没有时间去完成自己的工作，更不要说进行创造性思考了。大约在 30 年前，一位普通的经理在一年内能收到 1 000 次关于没能接到电话的通知。当语音信箱开始流行时，经理们不得不在一年内收听大约 4 000 条语音信息。

但是现在，我们讨论的是普通的经理一年内要开展 30 万次交流的时代，这要"归功"于我们赖以收发信息的众多高科技设备为我们提供的即时通信、网络电话、视频通话、电子邮件、短消息、语音邮件等各种各样的信息接收方式。

Yelp 网站负责本地销售的副总裁保罗·赖克（Paul Reich）指出："高科技可能成为一种强大的干扰，将经理们的精力从员工身上转移到眼前的屏幕上。"他补充道，"一线经理尤其容易连续数小时被吸引

价值激活

到屏幕前,而实际上,真正的工作就在同一层楼中,在和其他人的互动之中。我们试图告诉他们:'你们的头脑比任何电脑都更强大;你们的耳朵胜过任何倾听设备;你们的嘴巴比任何扩音器更好。所以,请离开你的笔记本电脑,开始在现实中观察和评论吧。'"

使用高科技提高工作效率

过分依赖高科技,将抑制我们相互联系和完成任务的能力。不过,这也意味着,如果使用得当的话,高科技可以成为我们最大的盟友。我找到了利用高科技将我们聚在一起的几种关键方法,采用这些方法,我们能以最快、最有效的方式完成工作任务。很多时候,我们都可以运用高科技促进团队成员面对面的交流。

使用会议室预订系统锁定会议的时间和地点。让你的团队讨论某个重要的项目,或者促成面对面交谈。

使用日历应用程序来安排工作会谈。使所有人都保持同一步调,在约定的时间前往同一地点见面交谈。

使用搜索引擎快速回答基本问题。这将使你和你的团队避免围绕这些问题进行冗长而不必要的讨论。

在你休假或出差时,使用办公室电子邮件自动回复。这样,当你不在岗时,也不必随时待命般地回复每一封邮件。

使用日历安排时间。为你的锻炼、吃饭、休息、当面交谈以及你当前正在攻关的项目留出时间。

使用协作应用程序来充当"创意集散地"。让其他员工快速高效地为你正在着手攻关的项目提出创意，或者向他们寻求如何改进的反馈意见。

使用共享日历来安排会议，记录员工在办公、旅行、度假或忙碌时的情况，以便找到与他们沟通和安排会议的最佳方式。

使用项目管理工具来追踪团队的重大事件和目标，以确保团队保持正轨——如果没有高科技，这通常难以管理。

使用视频会议系统联系从事远程工作的员工，以便他们与其他团队成员即使没有任何身体接触也可以相互看到对方。

使用"待办事项清单"，或者使用简单的"目标表"来记录你需要做什么和需要什么时候做。

很多人面临的问题是过多使用，甚至滥用我们认为有助于提高工作效率的高科技设备。例如，运用高科技设备让团队成员报名参加会议是很有意义的，但如果在会议期间还在使用高科技设备给你面前的人发短信，那你就真的需要停止这么做了。

尽管很多人指责我们这代过早地使用新技术，其实所有人都要为高科技滥用的现状负责。我们说服众多年长员工使用高科技设备，因为这让我们更容易与他们交流。虽然高科技可以让项目、文件和通信变得更容易，但我们的注意力持续时间在缩短，源源不断的数字干扰也降低了我们的工作效率。这一章将帮助你了解是什么导致了这些干扰，以及如何优化你的时间，使你在工作中变得更有效率、更愉快。

价值激活

我不想明说你可能对高科技设备上瘾了。和大多数瘾君子一样，你可能没有意识到这一点。许多人以为高科技正在提高我们的工作效率，但完全没发觉，在随机阅读网站新闻、在社交媒体上给朋友发信息时，浪费了大把的时间。这个测试（见表2.1）会让你知道你有多么容易分心。在每一个对你来说形容恰当的叙述旁边画一个"√"。

表2.1 工作效率评估表

	自我评估：数字化设备和技术是怎样使我分心的？	
1	和团队成员一同评审新的项目时，我会首先求助于高科技设备。	
2	我使用高科技设备管理所有的项目。	
3	我认为和别人面对面交谈完全是浪费我的时间。	
4	我尽量不打电话，我更喜欢发短信。	
5	我在开会时更多地盯着手机看，而不是参与会议的讨论。	
6	我发现自己在暗自期待手机上的下一条消息。	
7	我是个能同时使用多个高科技设备来完成好几项工作任务的能手。	
8	我宁愿参加网络研讨会或其他的虚拟演讲，而不是在现实生活中参加讨论或者发表演讲。	
9	在工作时，我需要打开多个电脑页面或者好几个手机App。	
10	有时候，我觉得同事们会让我分心，而不是给我帮助。	
	总计	

在完成评估之后，把所有"√"加起来。如果你最终有 7 个或更多的"√"，那么你的工作效率很可能较低。如果你的"√"不到 5 个，说明你能很好地控制你正在使用的高科技设备，而且它不会对你的工作效率产生负面影响，甚至可能在帮助你！

高科技设备在很大程度上（而且是潜在地）削弱了我们的工作效率。以下是关于如何控制这一问题的 3 种行动。

行动 1：减少拖延

当我们想避免不愉快的任务，或推迟不可避免的事情时，常常会选择低头看手机、玩游戏或阅读新闻。当我们缺乏条理、焦虑不安或不自信时，经常会选择把压力大的事情变成更加有趣的事情。

随着应用程序和网站的数量惊人地增加，我们可以在任何时候从工作状态转入休闲状态，将自己带入一个新的现实，于是我们很容易就陷入了拖延的陷阱，以为这样做日子就会更好过一些。拖延的后果是，我们不仅损失了卓有成效的工作时间，也损失了我们的个人时间，因为说到底，我们本该在这段时间内完成工作。如此一来，个人时间的缺乏将很快转变成不快乐和倦怠。

练习：杜绝拖延

在做项目时，把它分解成更小的任务总是很有帮助。这样一来，整个项目就会变得不那么令人畏惧，也更容易管理，使我们难以拖延。我们假设你不得不对你的公司可能提供的新服务进行可行性研究。下面介绍如何将这个过程分解：

1. 向你的经理询问服务的范围和有助于你研究的其他相关信息。这将确保你们保持同步，帮助你达到或者超过预期。

2. 创建一个时间表，展示你需要在什么时候完成项目，并且同步展示在这段时间中许多可以实现的里程碑式的重大事件。在日历中添加这些重大事件和最终的到期日，且设置提醒。

3. 辨别竞争产品。了解你的竞争对手正在销售什么产品，这有助于你评估市场规模，让你找到将自己的服务差别化的方法，且向管理层展示你对已经存在于市场中的产品的最新了解。

4. 收集来自各行各业以及其他资源中的研究成果，将其放入主文件夹，以便合并到一个演示文档中。

5. 把研究成果连同你的想法、建议、表格和插图放到一个演示文档中。

6. 召集团队会议并做演示。寻求反馈。

行动2：抵制完美主义

高科技设备几乎给了我们无限的能力，我们利用高科技来修图，来调整和消除缺陷，使我们身边的一切变得完美起来。问题是，如果我们修图所花的时间越长，我们的最新动态就让自己看起来越成功、越快乐，浪费的时间也就越多，真正应该完成的正事就会越少。我相信你肯定会承认，你花在调整照片滤镜或者修改最新状态上的时间，本可以用来做更重要的任务。

完美主义使我们忽略了，正是我们的缺陷激发了我们的创造力，使得我们独一无二，并且创造了更牢固的情感联系。事实上，所谓的完美并不存在，要求你自己或者他人做到完美，真的是在浪费时间和精力。我相信，完美主义是一种伪装成优点的缺陷。我们以为完美会使我们在工作中更高效、更成功，但想方设法追求完美，反而会耗尽我们的时间，引发焦虑情绪，让我们变得不快乐。完美主义在这个快节奏且永远处于联网状态的世界里是行不通的。

如果你在工作中动作缓慢，那么你就会被另一位更精明、效率更高的员工所取代。完美主义者可能要花上几个小时的时间来发一封电子邮件，然后花更长的时间做好与非完美主义者相同的事情。你认为这会对你的公司有什么影响？这是否会影响到你的公司与完美主义者较少的其他公司竞争的能力？

我们对完美的追求包括为我们所有的问题找到一个完美的答案，尽管高科技可以帮助我们解决这个问题，但它仍有一些缺点。霍尼韦尔公司高级主管凯·埃利希曾提出疑问："互联网是一台机器。提出一个问题，它就会给出答案。但是，当你寻找的答案不在网上时，会发生什么呢？"他自己给出的答案是：当你在网上找不到答案时，会经历如下几个阶段：

1. **困惑**：我应该是没有输入正确的关键词！
2. **沮丧**：为什么我没有得到我需要的答案？！
3. **恐慌**：哦，不！我不可能找到答案了！

4. 领悟：在计算机有了搜索引擎之前，人类早就有了大脑。

这种对高科技的过度依赖以及对"上网就能找到答案"的期望，不但耗尽了社会的创造力和解决问题的关键能力，还阻碍了我们成为成功领导者所需的最关键的技能：社交互动。

当你是一个完美主义者时，你就会陷入无休止的循环。比如，当你想要进一步润色一些东西的时候，却不得不放手。因为你或许会担心没能按时交付某个项目，会让你、你的团队、你的公司和你的客户受到伤害。

为了防止这种情况发生，请事先告知自己，以及其他任何一个不断追求完美的人：如果无意中拖延了某个项目的交付，需要承担什么后果。一旦出现了这种情况，你便需要承担一个月内不允许远程办公的后果，或者你需要警告所有人，将来再有延迟交付的事情发生，他们的奖金便将受到影响。

当你有一个笃信完美主义的员工时

领导者：请为我们 4 月份推出的新的广告活动设计一个图表好吗？

员工：好的，我很快会拿一份草稿供您审阅。

两周后……

领导者：我想看一下你两周前向我承诺的图表。我们得尽快做完一些事情，以便得到高层的最终批准。

员工：我还在决定用什么字体，需要更多时间。在一周之内我交出草稿给您，怎么样？

虽然这听起来很荒谬，但在工作场所时有发生。如果选择某种字体是件大事的话（很有可能不是这样），那么在接到任务后的一两天内，这位员工就可以给经理们提供一些方案，以免引起许多人的焦虑。

行动3：不再想着同时处理多项任务

我们可能试图让自己相信，当我们在电脑上查收电子邮件，在手机上更新状态，同时参加电话会议时，可以做到同时处理多项任务，但实际上，我们做不到。当你的大脑专注于其他事情时，你就无法真正注意到别人在说什么。涉及高科技的运用时尤其如此。如果你在开会的同时给朋友发短信，你真的做到全身心参加会议了吗？这种超级英雄般的做事能力，只是你的幻觉。

数十项神经科学领域的研究证明，我们的大脑不会同时完成多项任务。相反，我们会快速地从一项任务跳到另一项任务。当我们从电话会议转到手机状态更新再转到电子邮件时，在我们的大脑中有一个停止和启动的过程，这将导致大脑在不同的步骤之间产生短暂的延迟。你不得不停止说话，或者至少放慢速度，才能发送短信息。

你可能没有注意到这种滞后，但它确实存在。如果你同时处理三项任务，而不是尽你最大的能力逐一地完成这三项任务，那么最起码，你这三项任务的完成情况都不会好。

价值激活

如何做到优先完成重要任务而不是同时处理多项任务

财捷集团（Intuit）的人才招聘主管德里克·巴尔图斯科尼斯（Derek Baltuskonis）在他的经理的帮助下学会了优先安排重要任务的艺术。

他告诉我："我的经理真的帮助我了解了如何更明智、更高效地工作，方法是观察我手头要完成的所有任务，然后学会怎样对工作任务排序，把最重要的任务放在最优先的位置并真正做好。"他补充说："每当有新任务出现时，我尝试着不是单单从任务的重要性来思考，而是要拿它和我无法完成的任务以及确实极为重要的任务作对比，然后从中找到平衡。"

当然，分清事情的优先次序是很有意义的做法，但在实践中，它可能因为客观要求相互冲突而变得复杂。面对这种情况，德里克处理的方式是让某个项目先完成80％，然后在得到反馈之后继续该项目的工作。如果追求百分百的完美，会使他的速度慢下来。

尽管有些人仍然相信高科技强力提升了我们的工作效率，或者认为同时处理多项任务是一种客观现实，但事实上，我们的同事才是关键因素。那些在自身领域内成为专家而且理解力强、心地善良、有责任心、有很强职业道德的同事，将帮助你变得更明智、更高效。

当我们问员工，除了薪水之外还有什么能在工作中激励他们时，一半以上的人会说："我的同事。"当我们再问，是什么激励着他们在工作中富有创造力时，四成以上的人会说："我身边的人。"

所谓"近朱者赤，近墨者黑"，反过来也适用。如果你的同事懒惰、愚钝、烦人，那么你的工作能力和效率将会降低，获得感兴趣的项目，被赋予更大的责任或者职位晋升的可能性也会下降。

了解这一切之后，我们发现，招聘合适的员工明显有助于提高整个团队的产出、创造力和工作效率。寻找那些与你的团队成员融洽相处，并在整个职业生涯中表现出持续进步（这是强烈的职业道德与专注能力的标志）的求职候选者。除了询问他们拥有哪些技能之外，还要询问他们对工作环境有什么偏好，以及和什么类型的员工合作能使他们拿出最佳的业绩。然后，和团队里的每个人举行一对一的座谈，看看他们与这些新员工相处得如何。

工作效率最高的人在思考日常生活中的时间分配时，通常会头脑清醒且深思熟虑。《高效的秘密》（*Smarter Faster Better*）的作者查尔斯·杜希格（Charles Duhigg）告诉我："工作效率最高的人，会比别人更深刻地思考问题，比如思考他们在做什么，为什么要这么做。"

远程办公高效的秘密

很多人心中对从事远程办公的职员的印象是像荷马·辛普森[①]

[①] 荷马·辛普森是动画情景喜剧《辛普森一家》中的人物之一，他是一名安全检查员，生活中离不开啤酒和电视。而他的工作就是睡觉和吃点心。

价值激活

（Homer Simpson）一样懒散的人，沉迷于喝啤酒、看电视，在应该工作的时候逗宠物狗。然而，事实却截然不同。

研究人员尼古拉斯·布卢姆（Nicholas Bloom）对一家大型旅游网站下属呼叫中心的员工做了一项研究。在公司 CEO 的批准下，一些员工可以选择在家工作 9 个月或者待在办公室里。尽管公司预计工作效率将下降，但事实恰恰相反。远程办公的员工比在办公室上班的员工多接听了 13.5% 的电话。虽然这听起来令人惊讶，但对员工来说并不意外。

我们曾和宝利通公司（Polycom）一道，在全球范围内对超过 2 500 名员工进行研究，结果，超过 60% 的远程办公人员表示，这种安排提高了工作效率。是什么导致了工作效率的提升呢？根据布卢姆的说法，原因有很多。他将三分之一的原因归结为员工拥有更加安静的环境，另外三分之二的原因是员工的工作时间更长了。

他在《哈佛商业评论》中写道："他们工作开始的时间变得更早，休息的时间变得更短，并且一直持续工作到一天结束。"除了所有这些之外，员工请病假的次数也少得多，而且，和在办公室上班的员工相比，远程办公的员工跳槽的比例也低了一半。

尽管与人们的成见恰好相反，远程办公人员有着更大的满意度，但他们也更为孤单。因此，他们会寻找其他方式与同伴保持联系（提高远程工作效率的具体方法，见表 2.2）。

35% 的远程办公人员说，他们更愿意经常和同事一起讨论问题，46% 的人说自己会更频繁地拿起电话，其中，38% 的人说他们较少使用电子邮件，更多使用手机。那么，远程工作有多普遍呢？数据表明，你在职业生涯中很有可能至少有过一次远程工作的经历。近75%的员工表示，他们的公司允许远程办公，大约三分之一的员工都在从事远程办公。

表 2.2　提高远程办公效率的方法

如果你自己进行远程办公	如果你管理着远程办公的员工
1. 在没有电视，没有任何不必要的高科技设备的房间里工作，可以排除一切可能的干扰。	1. 确定他们的工作职责、项目的截止日期及询问他们的最新进展并设定适当的期望。
2. 穿得像在办公室里一样。这听起来很傻，但这样做会让你感觉更专业，使你进入正确的思维模式。	2. 每周至少需要召集一次小组会议，确保每个人都步调一致，跟上他们的工作进度。
3. 遵循规律的作息时间，以便养成按时起床、工作和合理休息的习惯。	3. 使用视频会议系统和他们进行更有意义的互动，并鼓励他们像在办公室里工作时那样衣着得体、举止端庄。
4. 每天制定一份"待办事项"清单，每完成一件事，便在它的旁边画"√"。	4. 鼓励他们每个月至少和你进行一次面对面的交流，以建立更牢固的关系。
5. 把杂乱的东西从工作空间清理出去，以便专心工作而不会分心。	
6. 确立界限。远程工作的员工效率更高的原因之一是他们无须通勤。因此，他们往往能在工作中投入更长的时间，且在凌晨两点上洗手间的时候，也会查收工作中的电子邮件。	

价值激活

每个人的思想、身体和习惯各不相同,因此,激励他们提高工作效率的因素也不一样。

影响工作效率的原因各有不同

对我而言,驱使我努力工作的因素不完全是赚钱和为退休后的养老金(尽管我曾尝试着两者兼而有之),更多的是对世界产生影响,建立自己的品牌,以及帮助他人。年轻员工往往看重灵活性高和有意义的工作,而年长员工则更加注重为退休和医疗福利存钱。尽管陪产假正迅速成为许多福利项目的主要内容,女性还是比男性更关心产假。

我们的大脑是独一无二的,所以,我们能够最富创造力或者取得最优异业绩的环境也各不相同。你可能在办公室里的表现更好,而我最好的工作表现来自在家里远程办公,因为在这种环境中,我受到的限制更少。

工作效率也因工作性质的不同而不同。假设你在亚洲一家拥有上万名员工的公司担任营销部主管,那么你的工作方式将和你在美国一家小公司担任同等职位时迥然不同。虽然有些人早上的工作效率更高,但也有一些人可能要到下午接近下班时才真正开始变得高效。

尽管存在着差异,表 2.3 总结了我和其他人的研究,其结果将有助于你大致了解如何最大限度地提高你和团队的工作效率。

表 2.3 获得最佳工作状态的时间安排

每天效率最高的时刻	上午 10:00 至正午之间	在一天的早些时候直到午餐前,我们的效率更高。
一周中效率最高的一天	周二	周一是我们处理前一周邮件和任务的时间,我们可能在周二开始关注本周的工作。
高工作效率需要的最佳睡眠时间	7～9 小时	睡眠有助于我们改善情绪,变得更专注,使我们的精力更加旺盛。
最佳的工间休息次数	每隔 52 分钟休息一次	我们的注意力持续时间很短,而我们可以在一段时间集中精力,每次持续工作不超过 1 小时。
最佳休息时长	17 分钟	恢复精力不需要很长时间,休息是让大脑恢复的关键。
最佳运动量	每周至少 150 分钟	通过锻炼,我们可以减轻压力,改善体形,减少倦怠和健康问题。
最佳卡路里数（kcal）	一天内,男性 2 700,女性 2 200	为了保持或者减轻体重,我们应该从饮食清单中删去过多的加工食品、糖和谷物,做到饮食更健康。

有些因素可能会提高或降低你的工作效率。例如,当你的身体不舒服时,你会一心想着自己的身体状况,很难集中精力工作。而当你在适当的环境中与合适的团队一同工作时,一切似乎都变得更好了。我与史泰博商业优势公司（Staples Business Advantage）合作研究了影响工作效率的主要因素（见表 2.4）。以下是我们的发现：

价值激活

表 2.4　影响工作效率的因素

提高工作效率的因素	协作的环境、充足的休息时间、更加灵活的时间表
降低工作效率的因素	身体或精神疾病、疲惫、糟糕的设备、办公室内的钩心斗角、有限的 IT 支持和过多的会议

强调目标导向，激活习惯力

说到提高工作效率，我们很多人都曾被一款或几款应用程序带来的体验所惊艳。毫无疑问，高科技可以提高我们的工作效率，但很多时候，那些本应让生活更轻松的高科技设备，却占用了更多的时间。

我的目标是简化生活，所以我会专注于能产生最好结果的任务，并且尽可能使用最少的工具。你使用的工具越多，日常生活就越复杂，这种复杂性会阻碍你实现目标。因此，与其依赖最新的高科技产品来提高工作效率，不如养成一些新的高效工作的习惯。

杜克大学（Duke University）的教授指出，习惯每天约占我们行为的 40%，所以养成习惯对你和团队非常重要。多年来，我试图找出哪些对我最有效，哪些对其他的绩效优异者最有效。

我发现对我来说最有效的是早上的"日常操作"。我早上 7:30 起床做早餐，看一眼周一或是前一天晚上定下的目标，跑步 3 英里（1 英里 ≈1.609 千米），洗个澡，然后开始做最需要运用智力的工作。如果想自己做一顿由蛋白蛋卷和水果组成的丰盛早餐，我会更早一些醒来。设定目标让我保持专注，而跑步让我精力充沛。当然，我的"日常操作"可能有一定的变化，因为有的时候我无法将会议或电话会议安排到其他时间。但不管怎样，每天的"日常操作"基本保持不变，这有助于我最大限度地利用时间，使大部分工作在我状态最好的时候完成。

将习惯与目标保持协调一致

理想的情况下，你的习惯和目标应当协调一致。如果你想减肥，就需要养成健康的饮食习惯和经常锻炼的习惯。如果没有目标，习惯将毫无用处，所以，让我们花几分钟时间来谈谈目标。

在过去 5 年里，我创建了自己的目标设定系统。之前我没有任何的组织性，只是做一些当时看来最有意义的项目。今天我用 Microsoft Word 文档来处理我所有的目标。听起来很单调，但它满足了我的需要。我将文档分为 3 个部分：日常目标、年度目标和未来目标（见表 2.5）。

表 2.5　目标表格示例

日常目标	○ 为第 1 章的写作开展研究 ○ 为 1 项新的研究制作调查问卷 ○ 预订飞往希腊的航班
年度目标	**职业目标** ○ 完成书本的手稿 ○ 开展 6 次研究 ○ 在 10 场大会上发表演讲 ○ 撰写 20 篇署名文章 ○ 主持 4 次高管活动	**个人目标** ○ 到 1 个没去过的国家旅行 ○ 做 1 次志愿者 ○ 看 1 场百老汇歌舞剧 ○ 上 2 堂烹饪课 ○ 交 5 个新朋友

价值激活

(续表)

未来目标	○ 创办1个非营利组织 ○ 再写1本书 ○ 创建1个播客 ○ 拍摄1部纪录片

尽管年度目标是中间的那一类，但我还是从它开始去写，我写下了年度目标中的5个职业目标和5个个人目标——不多也不少。在每一项旁边画一个图形复选框，这样更有助于督促你完成目标。这些目标必须是可以实现的，你可以基于你之前的成就来设定，但也要有足够的挑战性，这样你才能提升自己、你的人际关系和你的事业。一定要确保你能够预测每个目标的结果。例如，与其说"我要写文章"，不如给它加上一个数字，说"我要写20篇文章"。你每写一篇文章就可以把它记下来，直至写到第20篇。

填写好了年度目标后，想想你今天需要做些什么来让自己更接近目标。对我来说，为了完成"写完手稿"的目标，我需要完成所有的章节，因此，我每天的目标通常包括"写5页第3章的内容"，诸如此类。如果我想继续朝着"今年到1个以前不曾去过的国家旅行"的目标前进，那么，我的日常目标之一就是"研究旅游目的地"。用你每天和每年的目标作为长远生活目标的起点，后者将归入未来目标一列。当你想起一个崇高的目标，却发现没有时间去实现它时，就把它放进"未来目标"之中，这将激励你在事业和生活中取得更大的成就。

制作目标清单对我来说十分有效，但这并不意味着它也适合你。

莱恩娱乐公司（Live Nation）战略与洞察部门副总裁阿曼达·弗拉加（Amanda Fraga）采用更简单的方法确保自己能保持活跃，并且将时间投入到对她来说最重要的事情上。以下是她的一些目标：

- 每周一本书（日常操作：在上班途中听有声书）；
- 每周至少上一堂瑜伽课（争取安排在周六早晨）；
- 每周至少做3次饭；
- 每周至少和男朋友约会一次；
- 每周参加一次外出学习活动（参加网络社交晚宴、参观博物馆等）；
- 每月与朋友共进晚餐；

列出一份最符合自身情况的目标清单。一旦设定了目标，花些时间想想，为了实现这些目标，你需要养成什么样的习惯。但不要因此抓狂，一次养成多个习惯是很难的。对于每个新的习惯，遵循下面概述的过程。一旦你完全熟练掌握了新的习惯，继续培养下一个。

培养新的习惯

培养新的习惯包含3个步骤：

1. 从小处开始。不要想着从一开始就每天早上跑步1小时，而是跑20～30分钟。或者，不要要求自己连续2小时都把精力完全集中在最大的项目上，而是一开始只要求自己集中精力15分钟。当你从

价值激活

小处着手时，实现目标的过程就更容易掌控，也不会那么令人生畏。如此一来，你也将更有可能去实现它。每次选择一个习惯，这样就不至于让自己超负荷，并且能确保你激励自己去实现它。

2. **慢慢将小习惯扩展为大习惯**。现在，把30分钟的跑步时间增加一倍，或者把15分钟的专注时间增加一倍。一到两周后，你就容易养成更有挑战性和更有成就感的习惯。

3. **将类似的习惯组合到一起**。如果你每天早上都要从当地的商店买咖啡，那就把这家商店安排在你的跑步路线中。如果你每天都抽出时间去见你的直接下属，那就安排与他共进早餐或者两人边走边聊，这对你的健康有好处，也有助于加强你和同事的联系。

高效沟通才能释放更强创造力

在一个普通的日子里，我们总会收到无数条来自我们的高科技设备的提示。每条提示都会发出一种让人分心的哔哔声、叮铃声或嗡嗡声，不管这是来自需要帮助的团队成员的短信，还是来自妈妈说她爱你的短信。我们被这些提示音淹没了，而且对接收它们上瘾——如果没能成功接收，就会认为要么是技术故障，要么是没人爱我们。

虽然其中的一些提示音可能有用（例如，万一家里有紧急情况），但另一些则毫无意义。比如强尼对你在社交媒体上发布的照片"点赞"。你在查看和过滤这些通知时，会浪费几分钟甚至数小时。德勤会计师事务所（Deloitte）的一项研究发现，人们平均每天看手机47次，而年轻人平均每天要看手机82次。

虽然有时也是工作需要，但把所有时间都花在查看我们的高科技设备上，会阻碍我们大脑释放创造性思维的能力。我们的大脑在持续不断地处理信息，而我们需要更多时间运用想象力和创造力。但是，当你忙于获取新消息和回复消息时，你无法让大脑停下来。

如何更具创造性地实现组织效率

关闭高科技设备上的提示音。如果有紧急情况，朋友或家人需要联系你，他们会给你打电话，或者到你的办公室来。关闭高科技设备的提示音，你便可以解放思想，创造性地思考，并专注于最重要的项目。

接受不同的想法。虽然我将在第4章中深入讨论这个问题，但在这里我想指出的是，让你的身边有些和你持不同观点和世界观的人，他们将会挑战你，帮助你以新的方式敞开你的思维。参加行业之外的活动，去你不熟悉的地方，比如博物馆和剧院，或者学一门你一直想学的课程。

寻找独处的时刻。我鼓励你与他人接触，建立人际关系，但有时你还是需要独处时间。在这些时间里，给自己一些创造性思维的空间，日后可以将自己在此期间的想法拿出来，和团队一起讨论。研究发现，富有创造力的人需要独处的时间来想出新点子，然后与他人合作。

外出散步交谈。除了冬天之外的每个季节，我和其他人的大部分见面交谈都在我外出散步的时候进行，而不是在会议室里进行。通过散步和交谈，我改变了交流的环境，这催生了我的一些好的创意。斯

价值激活

坦福大学（Stanford University）的研究人员发现，边散步边交谈可以让创造力提升60%。无论是在室内室外，还是在跑步机上行走，把你自己从普通的环境中解放出来，可以打开你的思维，迎接新的可能性。

留出思考的时间。你可以把它叫作"思考时间""创造时间"，或者其他什么时间，有时候你需要安排好你的日程表，以便每天或每周都留出一个固定的时间，在这段时间里，除了思考什么也不做。你不能依靠别人给你时间去激发创造性，你得自己给自己留出时间。

去新的目的地旅游。如果你在跨国公司工作，每年至少要到不同的国家工作一次。如果没有，那就去出差或开启私人旅行。我曾多次旅行，包括到日本、巴西等国，旅行途中遇到了一些人，有了一些新的经历，也发现了一些艺术品。它们不仅塑造了我的观点，也给了我一些新的想法，让我以百倍的精神重新回到工作中去。

寻求富有挑战性的任务。当某个特定的问题没有固定的解决方案时，发明一个。接受一项具有挑战性的任务，将让你别无选择，只能发挥创造力。挑战的压力可能激发你的创造力，也可能为招聘新员工打开大门，帮助你解决看似无法解决的问题。

7种忙到点子上的黄金领导力

为使工作效率最大化，你需要一种整体的方法，包括暂时退后一步，仔细考虑你目前如何分配时间、你所处的实际环境，以及你每天与团队的互动。做好了这些，你会找到一些妨碍自己提高工作效率的因素，比如没有将足够多的工作任务授权给员工，或者员工之间的邮件交流过于频繁。下面，我将为你介绍7种优化你的时间、空间，帮助你与员工建立联系的方法，以便成为最高效领导者。

1. 努力改善工作环境。选择一个干扰很少或者完全没有干扰的地方。如果你在一间敞开的办公室工作，周围太吵，那就搬到自助餐厅（假设那里会安静一些）去工作，或者至少大清早的时候就预订一间会议室。如果你有自己的办公室，在你工作效率最高的时候关上门，以便集中精力。工作的时候，请关闭高科技设备的提示音，并且收拾一下办公桌。由于团队的整体工作效率会受每名员工的影响，所以一定要让每一位员工反映一下他们工作环境的情况。

2. 尽力优化工作负荷。当人们不知道如何对工作任务进行优先排序时，便会效率低下。根据我的研究，这种技能是领导者成功的关键之一。如果你不能对任务进行优先排序和合理分配，那就将面对堆积如山的本不属于你的工作任务。要清楚地知道，为了实现你每天或每周的目标，你需要做些什么，并把它们写下来。接下来重新制作清单，这一次，把所有项按照从最重要到最不重要的顺序排列。在每一项的旁边写上完成它所需的步骤和时间。

若你的清单上有一项会浪费时间和精力，那就把它指定给团队中你确定可以完成这项任务的人。领导者应专注于任务中最具影响力的部分，比如向其他领导者演示、制定新的战略和战术等。

米高梅国家港口公司（MGM National Harbor）负责市场营销和广告的副总裁克里斯·古米埃拉（Chris Gumiela）指出："如果团队成员

71

雄心勃勃，那么我对他们的能力就会充满信心，可以放心地把任务交给他们去做。这样，我也能提高自己的工作效率。"他接着说："团队成员担负更多的工作，就能使我腾出更多时间来拓展我的职责，把更多时间花在应该做的事情上。"

3. 精心安排"心流"时间。这里所谓的"心流"，是一种完全沉浸在自己正在做的事情中，并且让自己尽情享受的感觉。这样一来，其他任何事情都不会分散你的精力。如果你真的做到了这样，那么，几乎没有什么可以分散你的注意力了。阻碍"心流"的是无数会议和信息的打搅，它们在争抢你的注意力，不停地打断你一天的工作。

仔细想一想，我相信你能回忆起一些你进入"心流"状态时的场景。再仔细想想，你可能会注意到一种模式，例如，你只有在午饭后才会进入"心流"状态；哪怕早一点或晚一点都不会。不管你在什么时间处于这种"心流"状态，一定在日历上把那段时间留出来，告诉你的团队成员，不要在那段时间安排会议。当你有一系列明确的目标，拥有适当的技能，并且在一个非常适合你的环境中工作时，就更容易进入这种"心流"状态。

4. 优化建设工作团队。一旦你有了自己的日常安排和习惯，你知道自己想达到怎样的目标，希望你的团队做些什么，要尽一切努力确保团队中的每名员工都在全力以赴地工作。团队效率不高，你的效率就会相应下降。许多优化团队的工作都涉及如何确定他们的优势、劣势和当前的工作负荷。

如果你的一名团队成员超负荷工作，压力太大，就把他的某项任务分配给别人。当团队成员被一项任务压得喘不过气来时，便无法很好地完成他应该完成的其他任务，因为他会匆匆忙忙地完成这些本该由他完成的任务，再去完成那项像大山一样压在他身上的任务。如果不能将任务重新分配给别人，或者你的属下没有团队，就把一些比较乏味和常规的任务分配给自由职业者或者临时工。

维亚康姆公司（Viacom）负责营销战略、趋势和洞察的副总裁萨拉·昂格尔（Sarah Unger）说："我们的产品通常是PPT或Keynote演示文稿。我不是一名PPT设计师，演示文稿也可能需要很长时间才能完成。所以我聘请一些设计师来做这些事，以便腾出时间专注于最重要的事情，同时让设计师处理他们能带来最大价值的那部分工作。"

我采访过的一些领导者告诉我，他们的老板帮自己分担了一些事情，这使他们变得更加高效。REI公司内容营销高级经理、共同执行编辑保罗·莫特拉（Paolo Mottola）表示："如果老板给了我创业和创造的空间，会让我更有效率。当我有权自己做决定并且对此负责时，我会处于最佳的状态。"

Mic公司商业发展高级副总裁沙米·甘地（Sharmi Gandhi）的老板向她传授了一个提高工作效率的重要诀窍。她的老板说："慢下来！人们总是以为，快速完成任务就是高效率的题中之义，然而，这可能导致错误，因为你在做决策前或许没有充分考虑，或者没有制订出一个恰当的新方案来为它提供最好的成功机会。"

5. 合理安排休息时间，尽可能保持精力充沛。57%的上班族午餐时间不超过30分钟，近三分之一的人不超过15分钟。除了午餐休息

价值激活

（前提是你真的吃了午饭），你还会休息多少次？吃零食，上厕所，外出散步，喝咖啡，以及其他你能想到的所有休息方式，都有助于你合理安排一整天的时间，让你得到休息，帮你重新集中精力投入工作。

我写这本书的时候，决不会连续工作超过 3 小时。我建议你每天至少给自己安排 6 次休息时间，试着计划好这些时间，并下定决心遵循计划。如果你是那种连水都不喝一口就能连续工作 15 小时的人，那就强迫自己休息一下。你可能觉得自己完成了很多事情，但是，当你筋疲力尽时，这些事情都不会有多大价值。

蓝多湖公司电子商务、移动与新兴技术部门主管山姆·维奥莉特（Sam Violette）每天都会给自己安排很长的休息时间，他经常在这段时间打篮球。他说："有些人可能会把休息时间称为冥想或放松时间，但我认为，这段时间是让我的大脑停止在任务列表上翻腾的时候。这样休息之后，我总是更敏锐，也更能集中注意力。"

戴尔易安信公司（DELL EMC）的产品营销经理亚当·米勒（Adam Miller）采用了一种更有条理的方法："番茄工作法"，他建议员工先确定自己的工作任务，在那项任务上定时工作 25 分钟，然后休息 5 分钟，接下来再循环往复，最好是转向不同的任务。经历 4 次"番茄工作法"之后，让自己休息更长的时间。他说："反复使用'番茄工作法'来完成不同任务，其背后的基本原理是，假如我做这件事情已经有一段时间，可以先考虑做不同的事情，又过了一段时间之后，再以全新的视角回到之前做的事情上来。"

6. 优化时间安排，不在高科技上浪费太多时间。如果你想准确了解你是如何在网上消磨时间的，RescueTime 这个网站可以告诉你。看到自己浪费了多少时间，你一定会感到震惊，不过，震惊之余，也可通过安排新的工作任务或休息把这些时间重新利用起来。在网上消磨时光，会浪费你的时间和金钱，还会分散你与团队成员建立密切关系的精力，而与员工关系密切，有助于提高工作效率。

正如本书所讨论的，这些关系对团队的成功至关重要。美国运通公司负责全球消费者服务业务规划的首席财务官罗茜·佩雷斯说："与我的团队成员保持密切关系，能带来更好的结果，让流程更顺畅。"她还说："和与一群信任且认识的人分享观点相比，在一个满是陌生人或者远程工作的同事的房间里交流思想要有挑战性得多。根据我的经验，在和那些交往密切的团队成员分享彼此的想法、建议和信息时，你可以鼓足勇气，冒一些更大的风险，不用太担心得罪人。此外，良好的人际关系鼓励个人致力于同事的成功和团队的集体成功。这对推动创造性地解决问题和完成工作任务至关重要。"

与我交谈过的领导者采用各种策略优化他们的日程安排，以达到最高的效率。霍尼韦尔公司高级主管凯·埃利希安排了 1 小时的"保护时间"专心做她自己的工作。她说："如果你不保护自己的日程安排，你会在一个接一个的会议中耗尽自己的理智和效率。"

墨式烧烤（Chipotle Mexican Grill）培训主管山姆·沃罗贝克（Sam Worobec）提前几周为下属安排固定的日程，最大限度地利用自己一周的工作时间。他说："下属当面向我汇报工作，每 4 周一次；我和直接下属的下属员工之间的面对面交流，每 12 周一次；我与其他部

价值激活

门主管共进午餐或一起喝咖啡，每4周一次；此外，我与下属固定每4周举行一次能力提升会议，诸如此类。"如果你需要别人帮助管理你的日程表，不要羞于开口提要求。

甲骨文公司（Oracle）收购Dyn公司后成立的"甲骨文Dyn事业部"的经理凯尔·约克（Kyle York）说："我和我的行政助理阿什莉·古德温（Ashley Goodwin）建立了难以置信的良好工作关系，这让我受益匪浅。她使我的生活变得轻松多了。"凯尔补充道："阿什莉灵活处理着我的日程，使我不用担心手头的任务，因为我知道，她总会在正确的时间把我安排在正确的地方。这种关系历经多年合作才形成，但我强烈建议，任何一位高管都要着力构建这样的关系。它的价值可以用黄金来衡量。"

7. 优化会议安排，用更短时间完成更多任务。当工作前沿公司（Workfront）询问员工什么是妨碍高效工作的主要因素时，59%的员工说是浪费时间的会议；另外，43%的员工说，过多的电子邮件是另一个浪费时间的因素。大多数会议给人的感觉是在浪费时间，因为会议要么太长，要么没有固定议程。如果你想领导一个成功的团队会议，要在会议开始前确定一系列目标，并将其通过电子邮件发给同事。

此外，当你发送日历通知来做会议安排时，一定要确保会议只占用半小时。时间紧迫会给每一位与会人员带来一定的心理压力，迫使他们坚持既定议程，将分心的事情减至最少，尽可能集中精力开会。如果可能的话，每周在不同的会议室或地点开会。改变环境可以激发创造性思维，并且让你的团队成员远离陈腐和重复的观点。

这里介绍的 7 种方法已经过专家的实地测试，很多人发现它们很有帮助。不过，你当然比我更了解你自己，所以，如果你还有其他方法，那就按那些方法做吧。

威瑞森公司客户体验经理吉尔·扎卡尔祖夫斯基（Jill Zakrzewski）就采用一种完全违背直觉，但对自己很管用的方法。她介绍说："我的办公桌位于一个人流量很大的公共区域。这意味着我经常会被那些想喝杯咖啡和聊会儿天的人打断。因此，我经常在周五的时候加班熬夜，以便完成所有被这些友好谈话打断的工作。但通过这些互动，我构建了一个很好的关系网络，能够高效地为一个项目找到合适的人，而他们也会由于我们现有的良好工作关系而积极响应我的请求。"

价值笔记
Back to Human

提高工作效能的不二法门

减少数字化设备对你的干扰。

停止每隔一分钟查看手机是否有信息提示。关掉这些提示,减少手机上运行的应用程序数量,以便更好地专注于你的工作,完成更多的任务,减轻你的压力。

观察并帮助团队成员提高工作效率。

他们的成功体现在你身上。如果你注意到他们在浪费时间或者精力枯竭,把他们手头的一些项目重新分配给其他人。他们的工作效率越高,就越是能更好地利用时间,你的工作效率也会随之提高。

停止同时兼顾多项任务,不再做完美主义者。

一次只做一件事,并且尽最大的能力去做,然后转向下一项任务。没有哪个人是完美的,同样,没有哪个项目能够做到完美无缺,所以,一旦你对特定的结果感到满意,就继续推进你从团队成员和上司那里得到的反馈,将有助于你完善项目。

第3章 共享学习，打开员工交流通道

> 学校只是你学习规则的地方，你的生活才是你接受教育的地方。
>
> ——特雷弗·诺亚（Trevor Noah）
>
> 艾美奖获得者

当今社会，专业人士面临的最大挑战是在一个不断变化的世界中保持与时俱进。每天产生的新信息数量惊人，我们实际上不可能跟得上信息产生的速度。但更令人震惊的是，如今技能的"半衰期"只有5年[1]。换句话说，在你找到下一份工作时，你今天所拥有的技能以及你当前的老板看重的技能，可能就几乎一文不值了。

我们都应努力成为共享的学习者。尽管我上过网络课程，但我在课堂上接受正规教育的经历对我的影响大得多。我参加过学习小组，也接受过辅导，这两种亲身经历帮助我学到了更多东西，远比读一两

---

[1] 半衰期原指放射性元素大量原子核中的半数发生衰变所需的时间。这里引申为某项技能过了5年之后便在很大程度上已经过时。

价值激活

篇文章多得多。如果你关心团队的成功，那就必须成为一位共享的学习者，你获取新知识时也要考虑团队成员是否需要，并在第一时间指导他们。同时你也要向团队成员学习。这种信息的自由流动对每个人都有好处，也有益于企业。如果信息和知识没有公开分享，组织的运转就会慢下来，当某位员工离开公司时，会把他学到的知识带走。

通过与团队合作，和他们分享你知道的东西并向他们学习，你可以更快地获得信息，更好地记住它们，并且能以新的方式运用它们。西伊利诺伊大学（Western Illinois University）副教授阿努拉达·A.戈卡莱（Anuradha A. Gokhale）在一项研究中发现，在批判性思维测试中，参与合作学习的学生比单独学习的学生表现得更好。在另一项研究中，和他人在一起办公的员工比和同事分开的员工绩效更优异，且优异的幅度大约为15%。

事实上，员工们离得越远越会感到孤单和不快乐。当你和其他人在身体上相互接近时，你们能相互学习，也能更有效率。假如你坐在一群有着强烈职业道德和专业知识的多元化人群之中，尤其如此。

在当今的全球化经济中，企业全天候运转，员工可能分布在同一商业园区内的不同建筑中，也可能分布在不同的城市或国家。把所有这些人聚集在同一幢大楼里，成本将非常高昂。我并不是说这些大公司或者跨国公司的员工注定孤独、不快乐、绩效差劲。解决这种员工间距离问题的方法是使用视频会议来保持团队的联系。即使你和其他员工相距千里，也能够通过视频看到对方，这比发短信或通过脸书群组联系更能促进交流与协作，但也不要低估了社交媒体的重要性。

我在写这本书的过程中，采访了数百位来自美国和世界各地的人士。为了方便这个过程，我建立了一个脸书群组。你可能无法想象，我的这个群组中的两个人——万事达信用卡公司（Mastercard）负责信息治理、法律和特许经营诚信的副总裁约翰·姆旺吉（John Mwangi）和第一资本金融公司（Capital One）产品管理高级主管珍妮弗·洛佩兹（Jennifer Lopez）——发现他们原来在同一幢大楼中工作。后来，他们两人决定抽时间共进午餐。知道这一消息，我真的十分激动。借助社交媒体，我发现了人与人的交往中最富有人情味的一面！

共享的学习文化是由开放的人际网络驱动的，在这种网络中，无论他们在什么地方。团队成员可以了解其他员工的思想、分析成果及工作资源，人们规划的学习时间不同，使用的学习设备不同，掌握知识的过程也不同。团队需要发挥"始终在线"的优势，为他们提供可供随时使用的资源。

无论是以头脑风暴的形式还是传阅文件草案的形式，员工都必须将他们的智力资本提供给团队其他成员，使所有人尽可能保持协调一致。团队成员可以利用诸多资源来帮助团队建立强大的"知识网络"，包括大规模公开在线课程（Massive Open Online Courses，简称MOOC）、外部的演讲和讲座，以及公司提供的在线培训课程等。

从数据库共享，到技能资源同频

做个共享的学习者，就是要在团队成员请求提供信息、资源和培

价值激活

训时找机会帮助他们。通过关注团队成员需要提升的技能与需要获取的信息,你可以在正确的时间提供正确的帮助,以解决他们的问题。当你主动帮助他们提升能力时,他们会想着给你提供帮助,支持你自己的学习。你在团队中做得越多,就越自然而然地建设一种共享的学习文化,受这种文化浸润的每一名员工,都在不断地学习和分享。下表列出了共享学习者的例子(见表 3.1)。

表 3.1 共享学习者的表现

情形	共享的内容
你知道你的同事对人力资源部使用数据的趋势感兴趣。	你发现了一份侧重于人物分析的新白皮书,与你的同事分享。
你的同事对一个新的数据库系统表示失望,她必须学会更好地完成她的工作任务。	如果你有使用这套系统的经验,可以对她进行培训,或者给她发送一个课程或教程的链接,帮助她学习如何使用它。
你的团队似乎并不了解你所在行业的最新动态。	让团队成员在网上订阅行业新闻;加入这个行业的行业协会,并定期参加会议。

和你下属的某位员工一同坐下来,提出一个你想和他一同解决的问题。这个问题必须对你们双方都有影响,而且足够重要,你们才会真正关心它。让你的员工写下他能够找到的帮助解决问题的所有知识、技能和资源。你也一样。等到你们都写下来了,就互相分享。接下来一起制订行动计划,分配你们的集体资源来解决问题,并根据需要让你团队中的其他员工参与进来。

这个练习应当使你和你的员工清楚地了解共享学习的价值。

团队中的每个人都必须致力于共享文章、课程和资源。招聘新的员工时，你应当着重观察其具不具备共享学习技能，有没有养成与其他员工共享知识的习惯。

做个共享的学习者，需要你更多地了解你的学习风格，以及你与团队成员分享的意愿。让我们来看看那些阻碍建立更牢固关系的障碍以及克服它们的办法。

消除自我意识

作为领导者，自我意识导致我们做出错误的决定。我们之所以不分享而是隐瞒信息，是因为我们认为，分享知识会让同伴超过我们自己（事实上，当团队成功时，组成团队的个人也会因此而成功）。

自我意识使我们较少和他人对话及交流想法，因为我们害怕犯错，害怕听起来很愚蠢，害怕被人嘲笑，害怕泄露别人可以用来发展他们自己事业的信息。

你得摆脱自我，愿意冒险甚至乐观面对失败。与其考虑自己的职业生涯，不如考虑如何成为团队的信息提供者。培养共享学习的习惯，你的员工会更有效率，这将帮助你实现更多目标。

"知识不是工作保障，也不是力量。"美国航空公司（American Airlines）网络和旗舰战略董事总经理希瑟·桑普（Heather Samp）说，"分享你的知识，可以让你转而接受其他的挑战，并且以不同的方式传播你的专业知识。"

价值激活

克服自满情绪

我们之所以经常拒绝分享,是因为其他领导和团队并没有主动这么做。你的公司中可能存在一种"单打独斗"的企业文化,每个人都在"挖竖井"[①](work in silos),所有员工都在靠自己学习。我们很容易接受这种状态。即使想要改变,也倾向于回到过去的做事方式,比如,坐在电脑前参加无数的在线课程培训,却不告诉别人我们在学些什么。

注意不同学习风格

每个人都有自己的学习风格与需求。当领导者试图以同样的方式为每个人服务时,有些人就被他忽略了,因为不是所有人都能以这种方式理解或接收信息。当你没有考虑团队成员的喜好时,就不可能为他们服务。为了更好地意识到差异,你要表现出同理心。通过询问员工的学习风格与需求来了解他们,更好地为他们服务。即使你的团队中每一名员工都需要学习相同的特定技能,他们也可能以不同的方式学习。如果你考虑到这一点,事情会变得好得多。

明智运用高科技

在拥有分布式劳动力的大公司中,往往出现"挖竖井"现象。正如后面几章将会讨论的那样,这些"竖井"干扰了团队的合作、交流,以及你想象中的信息与知识的自由流动。以视频会议和其他在线学习机会等为形式的高科技可以创造共享学习的环境,让世界各地的员工

---

① 比喻各干各的,各自依靠自己完成任务。

都能积极为公司的整个知识库作贡献。

与此同时，高科技也可能成为卓越领导的障碍，因为人们很容易认为高科技在为我们包办一切，忘记了正是我们自己在让它发挥作用。人与人的交流和联系，促使人们对合作更加开放。

每周打个电话或者开个例会，可以确保人人都能接触到所有的资源和培训材料，你们可以公开讨论哪些有用、哪些没用。我们在召开团队会议时，有一个既定的议程，包括我们的优先事项列表、分配给每名员工的时间，以及开会间隙的休息时间等。我们使用高科技来设置日程安排并且预订会议室，但通常会在会议期间关掉手机，以便集中注意力。高科技可以使我们每个人保持同步，但千万不要让它成为影响公司和事业发展的障碍。

创建共享学习的文化

作为领导者，你的很大一部分职责是让人们在学习上互相帮助，建设一种"团队成功、人人有责"的文化。如果每个团队成员都能积极地教授其他成员新的技能，团队就会保持紧密的联系，从而提高工作效率，取得更大的成功。当前和未来最成功的领导者是那些欢迎并积极实践共享学习的人。当你主动帮助下属员工时，你就成了他们相互学习和支持的榜样。以下是建设共享学习文化的建议。

1. 请求并给予反馈。通过定期向你的员工反馈，然后征求他们的意见，你将创造一种每个人都可以接受批评与赞扬的环境，同时促成每名员工都从中受益的宝贵交流。

价值激活

在反馈环节提这些问题

- 是什么妨碍你和别人分享资源?
- 我怎样才能为你当前的职业发展提供最大的支持?
- 你在学习一种新技能时,首先会从什么地方开始学习?
- 你每天读什么出版物或者浏览哪些新闻网站?
- 如果在这个团队中停止这种信息的流动,你怎么看?

  2. **追踪观察成就**。仔细看看你和你的团队过去几个月以来所做的工作,并且检查工作的实际成果。想一想团队的成就和员工的个人成就。如果有些团队成员没有作出太多贡献或者缺乏某些重要的技能,要让他们加快速度。看到了团队成员的差距与劣势,你可以创建一个有利于学习的"生态系统",以此支持每个人。

  3. **灵活应对变化**。正如本章开头所提到的,改变总是永恒的,作为领导者,你必须确保你的团队适应改变。当你或你的团队成员正在研究新的趋势、技能和潜在市场机会时,不要把信息藏着掖着,而是立即分享。但是在分享新材料时要灵活应对。适当地将面对面的交谈、视频会议、电子邮件和社交媒体等多种交流方式结合起来,可以满足所有人的需求。

  4. **秉持积极态度**。把自我放在一旁,为改善周围人的生活而兴奋。当你们在开展共享学习的讨论时,要鼓励并且欢迎人们的批评,因为只有这样,你才能获得最诚实的反馈。在为团队招聘新员工时,着眼于那些对帮助他人持积极态度的人，并且提防那些似乎一心想当下一任 CEO 的人。

5. 宣扬他人专长。每个人都有自己独特的技能，都可以成为老师而不仅仅是学习者。随着时间的推移，你和团队成员的互动以及他们的实际工作，将让你知道他们有哪些优点和缺点。特别要关注他们擅长什么，当你发现他们有机会帮助你的时候，让他们过来帮你。

培养和组织共同成长的新能力

当你和你的团队自由而公开地分享知识时，也就建设了一种整个组织都能从中受益的可持续文化。我们询问经理和人力资源主管如何保持和强化他们的企业文化时，超过三分之二的人都说通过"培训和提升"（training and development）。这些项目有助于提高效率和效能，因为员工将具备实现你和他们自己的目标所需的知识。

分享信息和技能还可以帮助你提升员工满意度。我们多次发现，在招聘和留住员工时，薪酬和医疗保健只是谈话的开始，员工最渴望的是能够帮助他们在工作和事业上获得进步的培训。虽然你的有些员工可能有着和别人不一样的抱负，但他们都关心自己的职业发展。他们知道，如果技能得不到提高，就无法坚持太久。

询问任何一个人力资源部门的人，他们都会告诉你，更换一名员工要花很多钱。在共享学习的文化中，员工总是获得新的技能并且磨砺现有技能，从而提高忠诚度，减少人才流失。这种文化还通过将员

价值激活

工培养成相互的支持者和拥护者来提高队伍的士气。因此,至关重要的是将他们从典型的"赢者通吃"或者"人人只为自己"的心态转变成欢迎协作与互相帮助的心态。擅长在老师和学生的身份之间来回转换的员工不但更加谦逊,还能面临更少的自我意识的问题。

创建共享学习的文化,部分在于了解如何传授技能。在职培训是最好的学习方式,面对面的教学有助于你与同事建立更牢固的关系。这里介绍一些向他人传授新技能的方法。

1. **对同事富有同理心**。由于你知道一些他们不知道的事情,所以在师生关系中,你是权威。为了让他们觉得和你一起工作更放松、更舒服,考虑向他们展示你自己的弱点或者你有待改进的技能。

2. **展示你的技能**。在展示你的技能时,解释一下你学习这项技能的过程,你的同事就可以跟着你一起做了。例如,如果你向他们展示如何使用电脑程序来设计一小段代码,那就引领他们观察你是怎么一步一步将最终的代码设计出来的,以便他们可以复制这个过程。

3. **鼓励他们练习技能**。对于那些需要多次演示才能掌握动作的动手型学习者来说,这一点尤为重要。在指导团队成员如何运用某项技能之后,你可以让他们自己测试一下,看看是否可以重复你采用的流程并取得相同或相似的结果。

4. **给予他们反馈**。一旦你的同事试图用你教给他们的技能来完成某项任务,回顾一下那项技能。解释他们做对了什么以及如何改进。如果他们有困难,再回到第 2 步,重新检查你的流程。有的人需要比别人花更长时间来学习和掌握新技能,所以要有耐心。

5. 跟进。一两个星期后再召集一次会议，看看团队成员是不是能够成功运用从你那里学到的技能，是不是能够回答问题或者为其他人提供额外的帮助。通过定期回顾，你可以确保员工不断进步，同时也向他们证明，你致力于他们能力的提升以及事业的发展和成功。

向他人传授技能的另一个理由是，以我的经验来看，这是最好的学习方式。为了写好这本书，我采访了很多人，他们都同意上面这个观点。贝恩资本投资者关系高级合伙人莱奥尔·拉德比尔说："培训另一名员工，不仅有助于他们做好自己的工作，而且往往能帮助培训师在工作中表现得更好。当你一直在做某件事时，有些时候会掩盖做这件事情的步骤，或者只是习惯了按照例行的步骤来做。

但是，当你在培训别人时，要有条不紊地完成整个过程。学员们也可能教培训师做某件事情，或者同样也教得很好。学员们还可能问一些培训师没有碰到过的问题，这也会让培训师学到新的东西。和别人坐在一起，让他们用全新的眼光第一次看到这个过程，可以为你的观察增添新的视角。富有创造力的学员不但会吸收、消化信息，还会想办法改进流程或提高效率。"

美国航空公司的希瑟·桑普给我讲述了她下属的一名年轻男员工的故事，她认为他会成为团队中的优秀经理，于是着手向他传授她知道的所有业务知识。几个月后，当他在一次重要会议上回答问题并深思熟虑地向别人提问时，希瑟自豪地笑了。她对我说："那一刻，我知道我们都做到了些什么。他实现了学习业务的目标，而我也实现了让自己变得不可替代的目标。这是我职业生涯的一个转变。和帮助别

价值激活

人实现他们的目标而获得的满足感相比，我从自己的成就中获得的满足感倒略逊了一筹。对我来说，从帮助别人中获得满足感，是从未有过的体验。"

从事事管控到彼此赋能

很多人认为寻求帮助是软弱的表现，身居领导者岗位的人尤其有这种想法。这也适用于教育和培训。蒙纳公司（Monotype）内容总监比尔·康诺利（Bill Connolly）表示："这就好比你无法靠自己取得成功。但是，成功不是一场零和游戏[①]。当员工既愿意帮助别人又愿意向别人寻求帮助时，人人都能以更快的速度成功。我会尽可能地寻求培训和个人成长的机会，如果我认为某个项目从另一个不同的角度来看也能使我受益，那就绝不害怕寻求反馈或支持。"

如果你还年轻，仍然处在职业生涯的早期，那么向你的团队成员学习没什么可感到羞耻的。思科公司（Cisco）综合业务规划经理卡萝琳·冈瑟（Caroline Guenther）说："我和许多在公司工作了 10～20 年的资深员工一起工作，他们对供应链非常了解。我每天都向他们学习，他们全都是优秀的老师。这也是思科公司如此优越的合作环境的一部分。"

如果你在事业上更有建树，会意识到自己身边都是业界专家，他们中的很多人可能比你年轻，在组织结构中比你更接近基层。"同事

[①] 参与博弈的各方，在严格竞争下，一方的收益必然意味着另一方的损失，博弈各方的收益和损失相加总和永远为"零"，双方不存在合作的可能。

教给你的东西比任何大学都多，"霍尼韦尔公司高级主管凯·埃利希说，"我正在向我的团队学习如何用软件编码，喷射发动机怎样使飞机保持在空中，以及卫星如何反射无线网络的连接波，以便在飞行途中也可以连接无线网络。

由于经常和专家们一同工作，所以我每天都变得越来越聪明，也越发有能力做出更出色的商业决策。"

身为领导者，你需要创造正确的价值观，制定适当的流程，推行合适的做法，以鼓励员工分享信息和相互学习。你的目标是提高所有人的共同智慧和技能水平，使大家有更高的工作效率，对工作更满意。这样做可能会有点困难，因为你的一些同事只有在被迫分享的时候才更愿意分享，至少一开始时是这样。这里的一些建议，可以帮助你创造和保持一种欢迎共享学习的文化。

招聘具有协作精神的员工。在评估应聘者时，一定要在面试中想方设法评估他们对学习重要性的看法。例如，可以问这样的问题："你愿意向同事传授新的技能吗？"或者，"请你举个例子，证明你曾帮助其他员工完成与你自己的工作无关的任务或项目。"这些问题的答案，有助于你更好地了解应聘者分享知识的意愿。你要招聘智力驱动型员工，对学习充满热情的员工。

制订正式的培训计划。让所有员工都参与进来的最佳方式是制订一份人人都支持的强制性计划。与其靠你自己制订这样的计划，不如吸纳每个人的想法，这将使他们更加积极地参与，增大执行计划的可能性。如果你希望你的团队成员认真对待这个计划，请解释它怎样能

价值激活

够既使整个团队受益，又使他们个人受益。我建议，详细地向团队成员说明，他同事的绩效将如何反映他们自己的绩效，同时，如果他们先帮助了别人，别人又会怎样支持他们。

亲眼所见时给予表扬。当你亲眼见到某个员工在帮助别人时，要给予积极评价。如果该员工正在向其他员工传授新的技能，而且这对他们两人都有好处，那就对他们的努力不吝赞美之辞吧。此外，你还应该表扬那些在工作时间之外花时间和精力学习新技能的人，其他人会效仿这种行为。

构建学习路径。和你所有的员工分别进行单独交谈，找出他们目前的工作需要哪些领域的技能，并和他们讨论，需要学习什么才能在未来取得成功，无论是短期的学习还是长期的培训。帮助下属了解公司中不同岗位的要求，是成为一名高效领导者的重要前提。通过设定现实的和合理的期望，并且直言不讳地指出需要具备的技能，你将为下属员工创造成功的机会。反过来，他们也会对公司更加忠诚，在工作中更加投入，让公司变得更好。

学习，学习，再学习。重要的是，你和团队中的其他人要及时了解所在行业的最新发展状况，更重要的是，你要和团队成员分享这些信息。可以采用很多很好的方法来做到这一点。

IBM 沃森公司（IBM Watson）的内嵌与战略伙伴关系副总裁拉西达·霍奇（Rashida Hodge）阅读行业期刊、书籍和博客。REI 公司内容营销高级经理、共同执行编辑保罗·莫特拉收听商业和行业的播客。百时美施贵宝公司（Bristol-Myers Squibb）信息与数据管理副总监约翰·亨茨曼（John Huntsman）是专业市场研究公司福瑞斯特（Forrester）和高德纳（Gartner）的大客户，也是主营行业新闻摘要的菲尔斯公司（Fierce）和粉单市场（Pink Sheet）的大客户。

通用电气运输公司（GE Transportation）运输物流分公司副总裁兼总经理珍妮弗·朔普费尔（Jennifer Schopfer）引入外部技术和行业专长，请来培训师对下属团队成员进行培训，重点教员工怎样研究外部趋势；其团队成员还参加会议和贸易展。

米高梅国家港口公司负责市场营销和广告的副总裁克里斯·古米埃拉也做了很多这类事情，但说到底，他更愿意和志同道合的人就相关话题展开对话。他说："在我们这里，人们能够以一种健康的方式发表观点、展开辩论，不会产生任何令人不满意的后果。"

汤森路透集团人才与发展副总裁伊洛娜·尤尔凯维奇每天下班后都会抽出 10 分钟时间思考当天学到了什么，哪些人会从中受益，然后将文章、引用、联系人和新想法发送到她的社交圈子之中。她说："这不仅强化了我自己的学习，让我拥有一种系统的方法来共享资源，还帮助我维护了我的社交圈子。"

最后，联合利华（Unilever）可持续社区品牌经理崔西·谢泼德-拉什金（Tracy Shepard-Rashkin）从去年开始就每季度举行一次学习午餐会，在这些场合，她将自己在行业大会上学到的最酷的案例研究拿出来，开展更多的研究，然后利用一顿饭的工夫与 100 多名身边的营销人员分享这些信息。

她说："这不仅很快成为我的工作中最令我喜欢的部分，因为我

价值激活

能够分享我非常热衷于与更广泛的人群分享的东西,而且从我个人的角度来说,也有着极大的好处——我的同事觉得我是个职场达人,开始和我分享有趣的文章或演讲稿,他们希望他们也能成为下个季度学习午餐会上的焦点人物!"

跨越"技能代沟",与趋势同行

年轻员工和年长员工之间存在巨大的文化和技术鸿沟,但他们都能受益于对方的知识和技能(见表 3.2)。年长员工拥有多年的工作经验,而年轻员工在成长过程中更可能持有不同的观察视角。

老一辈人从面对面的教育和在职培训中获益良多,也懂得这种当面交流的价值。与此同时,他们可能不像年轻人那样精通高科技设备。而年轻员工也可能在成长的过程中收获了很多奖杯和绶带,更重要的是,年轻员工了解社交媒体的力量,知道如何用它来联系世界各地不同背景的人。

弥合代沟可以促进你的职业发展,让你更容易管理年长的团队成员。把这种局面看作是互惠互利的学习环境,它将有助于以积极的方式将年长和年轻员工联系起来。

亚历克斯和安妮有限责任公司(Alex and Ani)社交媒体总监杰西卡·拉蒂默(Jessica Latimer)承认,她的一些同事仍然没有社交媒体账户,或者有了也不知道如何使用。她说:"听到这个消息,我真的很兴奋,我把这看作是一个教他们使用社交媒体的机会,并且推动他们加入网络。"多亏了杰西卡的努力,她的同事做到了与时代同进步,而她的项目也有了更多的支持者。真是一种双赢的局面!

虽然代与代之间有很大差异,但作为一个团队,我们拥有共同的目标,那便是完成我们的工作,产生商业业绩,并希望在此过程中建立牢固的人际关系。这正是为什么各个年龄段的员工都需要紧密团结到一起,专注于自己的使命:营造人人都能不断学习和提高的文化。

表 3.2　不同年龄段员工互相学习范例

年轻员工可以教年长员工什么	年长员工可以教年轻员工什么
○ 对内部协作有影响的新技术,它们所属的专业和行业,以及如何使用它们。 ○ 多样性有多么重要,以及多样性如何使团队受益,因为当今的年轻员工是历史上最具多样性的群体。 ○ 变革如何不可避免,为什么今天的技能在未来可能不那么有价值,以及如何学习新的技能。 ○ 为什么他们不应该放弃梦想。研究表明,年轻员工更乐观,可以利用这一点来激励年长员工。 ○ 这种协作的思维模式将帮助年长的员工更好地与他们互动,集思广益,并提出新的想法。	○ 开创一番事业的困难和挫折,以及拥有多年经验的重要性。 ○ 帮助他们获取建立成功人际关系的软技能。 ○ 如何对公司忠诚,使团队中其他人愿意为你的学习和发展投入时间和精力。 ○ 他们在职业生涯中可能有过的遗憾,以及如何避免犯同样的错误。 ○ 如何应对各公司中自然会出现的各种公司政治,特别是大公司。 ○ 在工作中处理冲突的技巧,以及利用这些冲突实际解决问题,并在事后建立更牢固的关系。

价值笔记
Back to Human

在共享学习中收获实效

帮助你的团队而不要求任何回报。

你在帮助团队成员学习和发展上投入越多，每位员工就会越成功。与其囤积和隐瞒信息，不如共享信息，这样的话，团队成员就有了满足你需要的所有资源和技能，并且在各自的项目中大显身手。

花时间了解下属员工的学习风格。

这将帮助你根据他们的需要制订学习方法。和员工单独坐下来，了解他们在学习某项新技能时会用到哪些资源，以及你如何具体地为他们的发展提供支持。

专注于创建一种共享的学习文化。

确保你的团队或整个公司的所有员工都公开分享和互相帮助。这种文化将助推你和员工实现你们所有的目标，因为，正如俗话所说："水涨众船高。"如果人人都实现了目标，那么公司的目标也将实现。随着技能的半衰期越来越短，行业受到的干扰越来越多，你必须成为一名共享的学习者，才能满足企业的需要。

BACK TO HUMAN

第二部分
创造团队联结

CREATE TEAM CONNECTION

悉尼·芬克斯坦

美国顶级商学院达特茅斯学院商学院教授及领导中心董事，公认的领导力、战略和公司治理方面的思想领袖，在全球最负盛名的管理思想家排行榜"Thinkers 50"中名列第 23 位。

——— BACK TO HUMAN ———

在大多数传统组织中，等级制度是团队精神的破坏者。如果有人不断地提醒你，你和你的同事不是同一层次的人，你就很难为团队奉献自己。好的团队氛围被形容为"具有大学集体宿舍起居室的随意感"。

第 4 章 多样化观点 重塑企业价值

经理的职责不是防范风险,而是在确保安全的前提下冒险。

——埃德·卡特穆尔(Ed Catmull)

皮克斯动画工作室(Pixar)CEO

不久前,人们在谈论多样性时,指的是一些明显可见的人口统计学特征,如种族、年龄和性别。过了一段时间,多样性的定义扩大了,包括一些不那么明显的属性,如性、宗教,甚至是受教育程度。今天,多样性的概念已变得更加广泛,还包括一些无形的特征,如教养、社会经济地位、生活阅历和世界观等。看看表4.1,这绝不是一个全面的列表,仅列举了如今构成多样性的诸多因素。请随意添加你自己认为的多样性因素。

有人可能合理地推测,随着我们对多样性的定义范围不断扩大,以及社会中不断变化的人口结构,我们的公司也将成为包容性的支持者。不幸的是,尽管许多公司都说他们重视多样性,包括脸书、苹果

价值激活

和硅谷的大多数公司,但我们发现,他们的员工构成和以往一样,几乎是同质化的。要知道,硅谷集中了大量世界上最具创新精神的公司。我来举几个例子。

表 4.1 世界多样性的构成因素

种族/民族	白人、西班牙裔、非洲裔美国人、美洲原住民、亚洲人
受教育程度	未受过学校教育、高中文凭、大专文凭、学士、硕士、职业型硕士(如 MBA)、博士
性别	男性、女性、非二元性别、跨性别、性别流动者
世代/年龄	沉默的一代、婴儿潮世代、X 世代、千禧世代、Z 世代
就业状况	自由职业者、全职员工、兼职员工、办公室工作人员、远程工作人员
专业类别	营销、工程、运营、金融、会计等

例如,在硅谷,非洲裔美国人和拉美裔美国人只占劳动力的 5%。这些员工常常遭到人们的歧视,没有晋升机会,这往往导致他们辞职。难怪有一半的员工认为,他们的公司需要在这方面做出重大改进。

当前,全世界正在举行一场关于妇女权利和工作场所性骚扰的讨论,这引发了员工资源组织、活动和会议的兴起。谢丽尔·桑德伯格(Sheryl Sandberg)发起了"向前一步"(Lean In)运动,鼓励女性寻求挑战,追求事业,创建自己的圈子,这使女性凝聚起来,互相支持。

然而，在全球范围内女性仅占高级商务职位的24%，且在《财富》500强企业中，只有4.2%的CEO是女性。几年前，我在一个参会人数过万的妇女大会上发言——只有这一次，我觉得自己是那少数部分！

多年来，嘲笑千禧世代的文章数不胜数。我们这一代被人们称为懒惰、自以为是、自恋、缺乏专注——这与老一辈对年轻一代的成见非常相似。

我们之所以无法摆脱这些大多并不真实的可怕成见，是因为媒体（和社交媒体）放大了它们。沃顿商学院市场营销学教授乔纳·伯杰（Jonah Berger）开展的一项研究发现，《纽约时报》上最受欢迎的文章是那些能激起读者愤怒的文章。

关于我们这一代的文章发表得越多，媒体公司获得的流量也越多，广告收入也就越多。所以，不要相信成见！截至2015年，千禧世代是人数最多的一代，更不用说，也是历史上最具种族多样性的一代，其中43%的人不是白人。

获得大学学位的压力一直很大，似乎还在加速。2016年，近三分之一的美国人至少拥有大专文凭，15%拥有学士学位，6%拥有硕士学位。相比之下，25岁及以上的人群中近8%的人拥有硕士学位，这一比例等于或超过1960年拥有学士学位的人数比例，这或许可以解释为什么有些人开始说学士学位就是新的高中文凭。

虽然大多数在线招聘工具允许老板们淘汰那些没有任何学位的应聘者，但少数企业老板认识到，总是招聘来自同一所学校、上过相同

价值激活

课程、秉持相同心态的员工,将导致员工队伍同质化并且缺乏创新精神。因此,包括安永会计师事务所(EY)、普华永道会计师事务所(PwC)、奥美集团(Ogilvy Group)和苹果公司在内的这些较为开明的公司要么会降低对平均学分绩点(GPA)的要求,要么会面试那些根本没有上过大学的应聘者。

大众汽车公司给我们的教训

正如我所指出的,多样化的劳动力往往更具生产力和创造性。鼓励多样化可以使员工积极投入工作,促进整个团队的财务健康。不过,我们不可能建设一支由自己预期人数组成的、完美的多样化劳动力队伍,但有一种多样性我们是可以做到的。

在一项全球调查中,我的公司询问了超过 4 000 名年轻员工,请他们谈谈自己最看重工作场所的哪种多样性,结果他们并没有提到性别、年龄、宗教或种族等人口统计学特征,反而认为最重要的多样性是"观点的多样性"。我将之称为"多样化观点",而且极力推崇。人们的经历、思维模式和观点,有效地融合了所有形式的多样性。

途明公司(Tumi)首席数字官兼副总裁查理·科尔(Charlie Cole)指出,实现性别、年龄和种族的多样性相对较容易。他说:"我认为,一个由 10 名哈佛大学工商管理硕士组成的团队,其效率不如由两名高中辍学的程序员、两名来自雅加达的工商管理硕士、两名来自西雅图的大学运动队学生、两名来自亚特兰大的艺术史专业学生和两名麻省理工学院的统计学家组成的团队。坦率地讲，我认为，这两个团队的效率甚至都不会非常接近，而是前者与后者差得很远。"

多样化观点的敌人是群体思维，所谓群体思维，是指团队不考虑任何相左的观点而达成共识。

2015 年，美国环境保护署（Environmental Protection Agency，简称 EPA）发现，大众汽车公司在全球 1 100 万辆汽车（包括美国市场中的 50 万辆汽车）中安装了软件，故意给客户一种车辆更环保的印象。这种软件旨在激活车辆的尾气排放控制，以便在测试期间达到美国标准。在其余时间，车辆尾气的排放量超出允许限度的 40 余倍。

由于这一发现，大众汽车公司不得不花费超过 180 亿美元召回汽车并解决排放问题，这还不包括公司必须缴纳的数十亿美元罚款。大众汽车不诚实的根本原因是公司的企业文化，这种文化由工程师主导，他们显然是在没有对立观点的情况下做出这种决定的。

大众汽车的运作好比一个寡头政治集团，前董事长费迪南德·皮耶希（Ferdinand Piech）的兄弟汉斯·米歇尔·皮耶希博士（Hans Michel Piech）担任监事会成员。

群体思维的危险在于，如果没有多样化观点，组织往往会做出错误的决定，导致财务损失和损害——不仅对公司如此，对客户也同样

价值激活

如此。在大众汽车的这个案例中，它还对世界环境造成了损害。

脸书绩效管理部门负责人维韦克·拉瓦尔说："多样化观点不仅能降低群体思维的风险，还能带来最具创新性的解决方案和最高的工作效率。"当大家的争论不多时，当你为复杂的问题找到快速解决方案时，当任何一个不同意大家已达成共识的人被其他人嘲笑或被当成负面的刻板印象时，你就知道，群体思维已经出现了。

其他需要注意的危险信号是，尽管还有其他证据和情况，但没有人不同意，或没有人鼓励团队中的其他人尝试新的东西。更糟糕的是，当人们似乎害怕采取与团队相反的立场时，团队成员仍然在某个决定上达成了一致。如果你的团队成员觉得他们必须听从你的指挥，因为如果不服从你，他们就会受到惩罚，那你就是在抑制多样化观点。

群体思维的常见语

"让我们像以前一样来完成这个项目，因为它成功过。"

"我们的工作与众不同，从来没有出过差错。"

"别听他们的，他们不知道自己在说什么。"

"我知道，我们这里的所有人都同意。"

"我们都知道这个办法会管用。"

有价值的分歧

尽管多样化观点之中固有的各种观点可能产生分歧和争议，但是，只要本着尊重各种想法的原则来处理好分歧，就会反过来产生创造力和创新，这两者都是高效团队和公司的重要特征。虽然分歧本身可能会充满敌意，但它们大多是无害的，而且许多分歧实际上是有价值的。面对各种不同的想法，员工们可能会产生一定的紧张感，从而发挥积极性——他们一方面会思考自己的行为方式和对团队的贡献，另一方面也会更重视团队成员和其他人的不同行为方式与贡献。

多样化观点除了能帮助你防止群体思维，还能防止过度自信的"专家"总是按他们自己的方式行事。当每个人都觉得把事情摆到桌面上来探讨并没有什么不舒服时，工作中就会产生一种更强烈的联结感和安全感，这正是我们都想要的，对不对？

辨别和招聘不同类型的员工可以产生的积极作用是，当招聘来的员工跻身管理岗位时，他们也会从不同角度思考问题，从而产生多样化观点；然后，下一代员工和管理人员同样如此。依此类推。

你的客户有着不同的背景，你的团队成员能够深入理解不同客户的语言和观点，将变得非常重要。有了多样化的团队，你可以更好满足客户的需求，甚至可以从一开始就了解他们的需求。

正如脸书绩效管理部门负责人维韦克·拉瓦尔所说：**"我们的客户在想法和喜好上并不一致，因此，我们的员工也不可能在观念和执行上保持一致。"**

此外，员工的技能和经验各不相同会对建设企业文化大有裨益。这将使执行更加高效，因为不同背景的员工可以团结起来，产生更优异的绩效。多样化对每位员工的职业生涯都有好处，而且可以提高他

价值激活

们的工作效率、利润和投资回报。

爱德曼公关公司（Edelman）大城品牌（DC Brand）高级客户主管艾米丽·卡普兰（Emily Kaplan）说："购买我们客户服务的消费者比以往任何时候都更加多样化，当你的公司没有来自其他背景的员工为消费者提供服务时，消费者很容易被归类到特定的营销理念和要推销的媒体目标中去。"艾米丽给我讲述了一个很好的例子来证明多样化观点在现实中的作用。

> 她说："我的星巴克团队大部分都是白人女性，但贾里德（Jarryd）是一名非洲裔美国人，他帮助我们为男性生活媒体提出了很棒的广告创意，并且与我们以前从未共事过的记者建立了新的联系。他还向我们介绍了'黑色推特'[①]（Black Twitter）等趋势，并解释了这对我们的客户和我们的工作意味着什么。"

如果你发现自己在清单上列出的多个项目之后都画了"√"，那你就要开始意识并考虑接受不同的想法了。想想怎样才能对别人更开放，并将他们的想法融入你的决策过程。让他们看看你的清单（见表4.2），让他们也测试一下。这可以在你和他们之间开启有意义的对话，并有可能获得积极的结果。

[①] 是一种文化认同，由推特社交网络上来自世界各地的黑人推特用户组成，专注于黑人社区。

表 4.2 管理中缺乏多样性观点的特征

1	你试图控制而非影响团队的交流。	
2	你在"竖井"中工作,而不是把自己放在团队之中。	
3	你觉得脆弱是团队成员的弱点。	
4	你不想被别人评判,所以你保留了自己的想法。	
5	你把同事排除在会议之外,因为他们不同意你的观点。	
6	你只关注自己的优点,不考虑自己的缺点。	
7	你拒绝挑战传统的做事方式。	
8	在招聘和与他人合作时,你有一种无意识的偏见。	
9	你对自己的个人系统感到太舒服了,拒绝改变。	
10	你没有研究并承认别人的差异和喜好。	

抑制团队多样性导致冲突和低效

高科技已成为大多数人和大部分工作场所选择的交流平台。从理论上说,这是一件很好的事。毕竟,不论人们的种族、年龄和其他任何因素如何,在高科技面前,人人都享有同等的权利和便利。我们希望高科技能够帮助创建更具包容性的团队。

尽管有的地方高科技确实做到了这一点,但它也在劳动者之间制造了数字鸿沟,尤其是在来自不同年龄层的劳动者之间。由于年长的

价值激活

员工并没有像年轻员工那样伴随着高科技设备长大,所以他们有时候很难高效使用这些工具。这样一来,他们也许更难与我们建立专业层面甚至个人层面的联系。

高科技还应当使每个人都步调一致,使人们更容易理解和联系团队中的其他员工,不管双方的地理、语言或文化存在多大的差异。不幸的是,短信、社交软件状态更新、电子邮件和其他基于高科技的交流方式造成的问题比它们本身能够解决的问题更多,而且可能成为团队吸纳多样化观点的障碍。

人们在依赖各种各样的设备、应用软件和信息服务时,就不会花很多时间去了解别人从何而来,也没有机会去体验自己的情绪。在接收和发送消息时,你无法理解和感受别人的语调、语言和表情,别人也无法理解和感受你的语调、语言和表情,而这些东西,将帮助你了解别人,而不仅仅是告诉你他们说了什么。

虽然高科技平台可能让人们更轻易、更舒服地分享自己的观点和想法,但在这些平台上,人们也不愿发表一些有可能被忽视,甚至被别人利用的看法。

众所周知,尽管口头语言和文字在交流中十分重要,但大量的交流并不是通过口头的语言来完成的,肢体语言和语音语调也起着重要的作用。我们都有过很多次这样的经历:尽管我们都说同一种语言,但有时候仍会误解别人写的东西,或别人误解我们所写的东西。

事实上,《个性与社会心理学》(*Journal of Personality and Social Psychology*)杂志发表的一项研究发现,在90%的时候,我们认为自己正确解读了电子邮件中的语气,实际上我们的正确率只有一半。

想象一下,如果发件人和收件人来自不同的文化,或者其中一人试图用非母语交流,那么,依赖书面交流的风险会有多大?太多的时候,团队成员错误地理解了上司对他们的期望,在错误的时间做了错误的项目,或者无意中传达了错误的信息。

在这些情况下,人们的感情可能受到伤害,人际关系也可能变得紧张,冲突可能产生,团队和公司的绩效也可能受到影响。高科技并不是联系不同文化和语言的解决方案,但你可以用它来进行更多面对面的会议,比如视频会议,以便更好地了解人们在想什么。

在第 2 章中我引用了马赫德·罗格汉尼查德的一项研究,研究发现,面对面请求的效果是电子邮件请求效果的 34 倍。美国强生公司人才招聘和员工体验全球副总裁舒尔特·格林(Sjoerd Gehring)并不熟悉罗格汉尼查德的研究,但他也赞同其结论,特别是在他的早期职业生涯中,与直接下属打交道时——所有下属都至少比他大了 10 岁。

他说:"从更加私人的角度去了解下属员工,是赢得他们尊重的关键。但我过去并不习惯这种方式。我习惯的沟通方式是发短信、发推文和在领英上交流,但这对我与新团队建立联系并没有帮助。

但如果我和员工一同去吃午饭,我们的交流就会很顺利。我们畅谈各自的经历、背景、家庭情况以及感到满腔热忱的事情,再没有什么比简短的面对面交流(与使用 FaceTime 交流恰恰相反)更好的了。"

舒尔特建议:"重要的是从别人的角度看问题。在建立人际关系上付出加倍的努力，了解什么能够激励你的团队，以及怎样和他们沟通，你便能更有效地领导他们。"

想象一下这样的情景：你和一位同事为完成一个极具挑战性的项目，连续几天来来回回地发短信。但你们不可能完全实现了沟通的目标，相反，你会一直受到老板的阻拦和反对。也许你在无意中做了一个刻意的选择：拒绝吸收不同的观点。显然，你们之间数字化的对话没能发挥作用，你们只是找出了许多不能解决问题的方法。在这种情况下，你们必须引入一两个全新的观察视角，才可能取得成功。

通过举行面对面的交谈而不是发短信，你可以敞开胸怀，听取不同员工的意见和建议。他们持有的各种观点，都是你在做出可能影响整个团队的商业决策之前就应该考虑的。要避免被高科技所限制，但可以通过面对面的会谈或者电话会议来吸纳其他人的意见，以获得更优化的解决方案。

高科技可能是阻碍职场多样化观点的主要障碍，但还有其他障碍：

沟通问题。人们可能讲不同的语言，来自相同国家的不同地方，在这种情况下，即使是同一个词，也可能意味着完全不同的意思。如果你说的话被团队成员误解了，就要花更长时间来表述你的观点。

不管你做什么事情，从应对最后期限、放权给员工，到与团队成员开展沟通和化解冲突，都要明白一点：不同的文化之间存在着很大的差异。你要为所有人的沟通营造安全的环境，并且花时间去了解每一位团队成员，了解他们工作中的具体需求和行事风格，从而有效地与他们沟通。

外部阻力。你的上司甚至团队中的同事都有可能不支持你吸纳多样化观点的努力。

冒险的内在阻力。作家史蒂文·普莱斯菲尔德（Steven Pressfield）称这种阻力为"抵抗"，也就是我们头脑中告诉我们要小心的声音。接受现状并满足于现状，要比消耗精力和情感，并且拿着自己的名声去冒险容易得多。不过，在适当的时候冒一下险，你真的会获得更大的信心，有机会作出积极的改变。我们有时会有一种"我们一直这么做"的心态，这对把事情做得更好毫无帮助。

无意识的偏见。不论你喜不喜欢，我们都受到事件、人物、媒体和其他因素的影响。光辉国际（Korn Ferry）的一项研究发现，42%的员工认为，他们的同事在多样性方面存在着一种无意识的偏见。

我们的偏见可能将沟通的桥梁转变成隔阂的高墙，损害我们的工作关系。

6 种保持团队多样性的领导力练习

我们每个人都可以更好地融合他人的想法，使得人们在工作中感到更舒服。为了有效地管理多样性，你要对非传统的应聘者更加敞开胸怀、从个人的层面上了解员工、创造员工获得支持的安全空间，并且在你看到多样性的时候给予奖励和认可。

1. 招聘非传统的应聘者。为了在团队中获得适当的多样性，你必须改变招聘标准。不要只看应聘者的成绩和他们上过的学校。

价值激活

询问他们对什么事情最有激情、影响他们的有些什么人和什么事情，以及他们有些什么业余兴趣。从职责描述到面试过程，你提出的限制性条件应该更宽松一些，而且应当考虑到无意识偏见，以便不会因为某个人的长相而放弃他。一个人没有学位，或者在你从未听说过的国家的某个地方长大，并不意味着他就不能给你的团队带来一些特别的东西。

招聘非传统应聘者的领导力练习

在面试过程中向应聘者提出挑战，让他们就你的团队目前正在合作攻关的项目开展头脑风暴讨论，提出新的想法。你不必特别提及这个项目需要什么，但试着看看他们如何独立思考，以及他们的想法是不是与你或你的同事的想法不同。如果他们能够建设性地批评你的思维方式，或者提出一些完全不同的东西，那么，假如你决定聘用他们，他们可能会带来一些你急需的多样化观点。

2. 了解个人需求。不要只是从远处观察你的团队，而要和团队成员进行一对一的当面交谈，以便更好地了解他们。此外，别费心给他们发短信或即时消息，采用这些沟通方式，你无从知晓他们的情绪、观点和创造力。

有时候你需要向内看，才能对事物有更全面的了解。例如，你的某位员工可能对时间管理感兴趣，而另一位则完全不在乎。某位员工可能更内向，另一位则可能是聚会的主角，总想着策划每一次社交活动。某位员工可能更喜欢在做决定之前由团队来管理事情，而另一位也许喜欢先采取行动，后征求反馈意见。你要了解和你一起工作的人以及他们的习惯，才能以最有效的方式领导他们。

了解个人需求的领导力练习

与每位员工一同坐下来，询问他们最珍视的价值观。在谈话中和他们分享你最强烈信奉的价值观。通过这种方式，你们可以更了解对方。了解彼此的价值观，就能更清楚地知道你们都关心什么，以及如何最好地将员工融入团队，评估他们的能力，并为他们提供帮助。在这次一对一的交谈中做好笔记，并在面谈之后与每个人分享。

3. **创造安全的空间**。谷歌公司的经理们着手建设更加高效的团队时，也就是开始实施所谓的亚里士多德计划（Project Aristotle）时，采访了来自公司各部门的数百名员工。

这些经理们希望利用数据来找到合适的员工组合，以辨别其中的领导者。他们发现，最好的团队会尊重彼此的情绪，并注意到所有成员都应当平等地参与对话。

有一个安全的环境让身处其中的人们倍感舒适地互动和分享他们的观点，是使团队更为成功和更有成效的原因。这些安全感可以减轻员工的压力，鼓励他们分享而不是隐瞒自己的想法。

价值激活

创造安全空间的领导力练习

通常，如果能够匿名的话，人们会更愿意分享他们的想法。当你着手下一个项目时，让你下属团队中的每名员工在索引卡上写下一个想法——但不写名字。收集这些卡片，把它们列在一张清单上，然后把相似的放在一起。接下来召集一次会议来讨论这些想法，并且从团队中获得反馈。在讨论时，记下谁公开承认自己的想法、谁保持沉默。这会让你知道你得花更多时间和谁在一起，因为他们需要更大的舒适感和安全感。

4. 对员工的周详考虑进行表扬。看到员工表现得勇敢和开放时，要告诉他们，这样很好。让他们知道，分享想法是能受到鼓励的，分享得越多，团队就会越好。想个小小的办法来奖励这种分享——并且一定要根据个人情况来调整奖励。以这种方式激励员工，使他们将来担任领导角色时也为员工做同样的事情。但是要将这些表扬和奖励与基于绩效的奖励分开，后者着重奖励创新、过程改进、创造力或产生可测量的底线利润的创新。

我曾和沃顿商学院（Wharton）教授亚当·格兰特（Adam Grant）进行过一次交谈，他向我建议："要认识到，不同的意见即使是错的也是有益的，并且竭尽所能地奖励即使是发表了错误意见的人们。鼓励和赞扬那些公开反对你、批评你的人。"

表扬周详考虑的领导力练习

利用合作或者社交媒体平台来鼓励员工分享想法或者互相称赞。这种实时的反馈和认可,将给人们更大信心,有助于促进团队友爱并且培养多样性的文化。作为领导者,你应该是第一个发帖的人,以便树立先例并表现出你表扬他人的决心。当别人看到你发帖分享时,会更可能跟随你的步伐。

5. 撇开身份和资历进行思想交流。强生公司的格林告诉我,他在当前工作岗位上做的第一件事就是在办公室外面挂张大海报,上面写着:"思想高于头衔。"海报传递出这样一个信息:不管出身如何、资历深浅,思想比任何事情都重要。

但是,仅仅挂张海报是不够的。格林说:"我努力从我的团队中吸收思想,并利用他们的丰富经验。为此,我很早之前,且现在也经常撇开身份去与员工交流。我还每周制作视频来介绍我的领导风格并且为其定一个基调。我开始认真考虑将社交媒体作为一种管理工具,无论是在内部管理还是外部管理中。透明和直接的沟通将帮助你赢得团队的尊重,特别是当这种沟通与清晰的愿景和使命感相结合时。"

6. 鼓励人们分享他们的想法。世界各地成功的领导者以各种方式做到了这一点。CA 科技公司(Computer Associates)市场营销高级总监帕特丽夏·罗林斯(Patricia Rollins)在每次团队电话会议时都会专门花几分钟时间,思考哪些方案可行,哪些不可行。她说:"我鼓励用一种'最易被否决'的想法（这种想法确实出乎意料）来帮助我们转变角色。然后我会给这个想法设定一个线索，使之得以执行。"

契普多墨西哥餐厅培训主管山姆·沃罗贝克鼓励他的团队成员利用自己的时间尝试新的项目。他说："只要这个想法与我们都在努力解决的问题联系在一起，他们就会敞开胸怀，试图解决这个问题，并将自己的想法带到团队中去。从这时开始，我们的一些最具变革意义的想法就出现了。"

阿卡迈公司（Akamai）战略与运营高级总监罗斯·范伯格（Ross Feinberg）则有不同的看法。他说："我最喜欢问的问题是'你觉得怎么样'。我一定要问房间中的每个人一遍，让他们都参与进来。有些人不会向前推进他们的想法，所以你得直接问他们，但这些人往往有最好的想法。"

在利宝互助保险公司（Liberty Mutual），品牌与整合营销副总裁詹娜·勒贝尔（Jenna Lebel）领导的团队中的每位员工都有权承担合理的风险——即使他们以失败告终。

勒贝尔坦言："我们相信，有的时候你会成功，有的时候你能学到东西，但这两者对我们同样重要。我们会相应地奖励团队——奖励那些成功的创意以及那些从未付诸实施的想法。团队成员知道他们可以尝试新事物，可以创造性地应对业务挑战，不用担心如果事情进展不顺利会有什么后果，这让他们深感安慰。我们都知道失败是可以接受的，但我们需要快速从失败中恢复过来，并在前进过程中吸取教训。"

4 步建立可评估、可测量、可持续的多样性文化

除了刚才讨论的领导技巧外，你还可以考虑一下如何培养一种整体文化来推崇多样化思想。专注于公司的文化，可以对招聘、管理和晋升产生长期的积极影响。它还可以让未来的领导者迈向成功，因为公司的文化不仅帮助你构筑了员工基础，还有助于确定人们相互之间的行为及思考方式。以下是一些将帮助你创建公司文化的步骤，这种文化会支持你的公司，无论是在现在还是将来。

1. **评估你目前的状况**。仔细查看你的招聘流程，看看你的团队和公司是否支持应聘者持有不同的观点。开展员工满意度调查，找出你目前面临的多元化挑战和机遇。人们分享新想法时，会得到支持吗？他们是否感觉到自己的声音有人听，自己的创意被融入了新的过程和项目中？这将使你大致地了解新的政策、指导方针以及完全接受多样化观点需要与他人进行的交流。

2. **设法让高管下定决心**。一旦你发现了自己面临的障碍和问题，就把它们写下来，使用来自你的调查中的数据向管理层证明事情需要改变。在经理们确信存在问题后，要设法让他们下决心支持你去尝试解决问题。

3. **制订行动计划**。在确定了对待多样性的态度和下属团队成员面临的问题之后，就是时候去制订一个计划了。这个计划应当包含你解决问题的建议和一个你可以执行的时间表。例如，你应该在第一周召开一个启动会议，会上展示参与度调查的结果并征求人们的意见。

价值激活

4. 测量结果。在执行行动计划后，向你的团队发布同样的调查，看看是否能有所改进。希望你能用新的数据支持你向高管团队提出的方案，也就是说，让高管团队确信，解决这个问题是值得的，对团队和组织都有好处。

包容训练

拿一沓彩色的笔记卡，在下次会议上发给每个团队成员一张。就像《大富翁》(*Monopoly*)游戏中的"免狱金牌"一样，在会议中，我们可以将这些卡片想象成"免风险金牌"。

这样做的目的是鼓励员工分享新想法，结识新朋友，或者做一些看起来稍稍有点可怕（或者十分可怕）的事情，同时又让这样做变得不那么可怕。

使用这些"免风险金牌"的注意事项是：

1. 它们必须在季度期间使用，一旦使用，就必须交还；

2. 如果你在本季度期间不使用，就会影响你的薪水或奖金。不使用这些"金牌"就会受到惩罚的规则，将迫使你的团队成员采取行动，这正是设置"金牌"的目的。

如何平衡不同员工的自我效能感

作为领导者，你无疑要应对各种需要多样化管理的情形。在开始之前，重要的是先退后一步，清楚地了解到底发生了什么、参与其中的个人来自哪里，并且找出与他们合作达成解决方案的最佳方式。

本小节将讨论一些可能出现的情形以及解决它们的办法。记住，通常我们会遇到的反对意见有两种：一种意见会有助于建立更牢固的关系，另一种意见则会对团队或客户造成伤害。我在这里关注的是第二种意见。

情形：你是一名管理着年长员工的年轻老板

年轻的领导者在管理比自己年长的员工时，一些年长员工对此不会有意见，而另一些则认为他们才应该负责管理。在我的研究中，83%的人见过年轻员工管理年长员工。近半的年长员工认为年轻员工缺乏管理经验，这种态度会对公司的文化产生负面影响。与此同时，超过三分之一的年轻员工认为管理年长员工很困难。

施乐公司（Xerox）CP基础设施和分析经理阿米特·特里维迪（Amit Trivedi）刚上任时，曾与一名年长的同事共事，这让他对代沟有了不同的看法。这位年长的同事告诉阿米特："我们从来没有改变过这个流程，它一直都是管用的。"阿米特却对改进流程很感兴趣，并提了很多问题，包括"如果流程改变，会造成什么问题"，以及"有没有可能让当前的流程更高效"，等等。由此产生的讨论，给了阿米特和他的年长同事一个探索彼此观点的机会，也让他们找到了围绕这些想法开展合作的方法。

我们想象一下，你以前的某个直接下属对你很失望，因为你总认为自己是对的，从来没有考虑过他的观点——他的观点依据是自己拥有比你丰富得多的经验。这时,你该做什么?

首先,不要急着得出结论或者将你的观点强加到员工身上,而要先深入了解他们的观点。其次,根据他们的喜好调整你的沟通方式。如果他们想面对面交流,不要强迫他们给你发电子邮件。年长员工往往更加"传统",你得讲他们的"语言",才能与他们保持同步,并对他们表现出他们渴望获得的尊重。

最后,保持开放的心态,不要先入为主地认为他们的年龄可能会影响到他们的思维或能力。通过将他们的想法融入你的最终决策中,使他们感到自己参与了决策,受到了你的重视。

和我交谈过的每个人都同意,大多数员工,无论处于什么年龄或职位,都希望得到同样的东西:使他们的公司及其产品和服务变得更好。没有哪一代人垄断了实现这一目标的"正确"方式。百加得公司新一代 CEO 尼姆·德·斯沃特说得很好,她说:"不管是哪个世代的人,都需要明白,在这个新的职场里,我们不那么受到惯例、结构和等级制度的束缚,实验对于创新是必不可少的。"

情形:你和你的员工国籍不同

正如我们所讨论的,工作场所正变得越来越多样化,你迟早要和那些与你种族不同、国籍不同的人合作共事。假设你和一位外国同事正在制作一堆幻灯片,以在即将到来的会议上共同演示。由于你们两人的国籍差异,你发现你们花了大量时间讨论如何分配工作和演示时间,另外你们还要处理一些其他问题,而如果你的同事和你有更多的相同之处，这些问题肯定不会出现。这时，你会怎么做？

首先，和你的共同演示者一起坐下来，问问他认为演示应该如何组织、如何划分职责。在他说出他的意见后，你再说出你的意见。通过这种方式，你对他表现了尊重，表明了你关心他要说些什么，想知道他希望扮演什么角色。如果你们之间存在语言障碍，或者你觉得某些词或短语的翻译可能使演示的听众感到不舒服，你完全可以请他帮助修改。

最后，你和共同演示者应该就谁负责哪张幻灯片以及准备最后演示的时间期限达成一致。

制定衡量多样性与效能的硬指标

尽管人际关系的力量如此强大，我们仍然需要硬指标来证明我们努力工作的价值。好消息是，你可以采用多种方式衡量多样化观点，从而为你的团队、公司和客户提供价值。你可以每个季度对员工进行满意度调查（调查采用5分制，最低为1分，最高为5分），也可以衡量多样性是如何影响员工的快乐、幸福感及工作效率的。如果你的下属员工的整体满意度从3分提升到了5分，那说明你做得很好。

在满意度调查中，提一些关于多样化观点的具体问题，比如，"你是怎样从多样化的团队中获益的"，以及"多样性对你的整体绩效有多大影响"，等等。如果答案是正面的，那么你的团队便可以成为其他团队或整个公司的榜样。你可以通过你根据多样化观点作出的决策来影响其他团队，从而产生重大影响。

衡量多样化观点的另一种方式是衡量团队产生的创意数量和质量。如果团队的创意使得某个项目取得成功，那就很容易衡量由此带来的成本的降低、收入的产生或者工作效率的提高。

价值笔记
Back to Human

培养多样性和效能感的关键点

招募合适的团队成员。

有意识地让团队中融入新的声音。改变招聘流程，使得招聘标准更加宽泛，而不仅仅局限于教育、地理等因素。如果你招到了合适的人，多样化观点就会自然而然地出现。

创造一种安全的、支持发言的文化，使得团队成员可以自由地分享新的想法。

当人们能够放松戒备去分享自己的想法，并觉得这种分享十分自在时，他们会更有可能主动参与工作和与他人密切合作。

在了解团队成员和他们的信念与观点之前，先把高科技设备放在一边。

虽然高科技设备在鼓励人们随时随地作出贡献方面很有用，但坐下来和每个人单独面谈，能让你更好地了解他们。

第 5 章 支持团队间开放协作

> 首先提出一个创意种子，然后寻求帮助，以便不断优化它——它并不需要一开始就十全十美。
>
> ——贝斯·康斯托克（Beth Comstock）
>
> 通用电气第一位女副总裁、耐克公司董事

过去 10 年，我们在团队中与他人协作和交往的方式已经改变，现在，我们在更大程度上依赖高科技设备来开展这两种活动。今天，你可以和来自十几个不同国家的团队成员及同事举行视频会议，甚至不用离开你的办公室或者卧室。

我在调查了全球各个年龄段的数千名员工后发现，大多数人更喜欢面对面而不是借助高科技设备交流。当我询问他们期望的办公环境时，所有人都选择公司办公室而不是远程办公。

尽管我们声称自己更喜欢与同事建立更深的关系，可我们仍然习惯依赖高科技设备。同时，尽管高科技设备能使我们高效合作，但它

无意中削弱了我们深厚的人际关系。

皮尤研究中心（Pew Research center）最近开展的一项研究发现，40%的年轻员工将30%的个人时间和工作时间都花在了脸书上，并且选择发短信、发电子邮件和进行视频聊天，而不是面对面交流。这加深了更懂高科技设备的年轻一代员工和不太懂高科技设备的年长一代员工之间的代沟。

随着以高科技为基础的新型沟通工具上线，这种代与代之间的差距将变得更大、更深，甚至会导致工作中的冲突。例如，我们的研究表明，有略多于四分之一的年轻员工希望将虚拟现实（virtual reality，简称VR）整合到工作场所之中。在他们看来，使用这种新技术似乎很酷，但在试图解决纠纷时，尤其是他们与年纪较大的员工之间的纠纷时，利用这种新技术不但完全没有必要，而且会适得其反。

为了更好地理解我们是如何使自己深陷这种情形之中的，我们先来看看过去数十年里职场的沟通与协作到底发生了哪些变化，再观察我们需要做些什么，才能使工作场所运转得更好、更人性化。

最好的创意来自饮水机旁

不久前，各组织是按层级构建的，处于组织机构图顶端的领导者控制着相关信息的流动。随着高科技的发展和组织结构的扁平化，不论职务高低，人人都能平等地获取这些信息。客户也一样，因为明智的公司已经意识到，为客户提供更多信息，可以改进他们的体验。

价值激活

随着沟通的内容变得日益丰富，沟通的频次也变得越来越频繁。对我父母那一代人来说，传统的全职工作是从早上9时到下午5时。如今，各公司都是每天24小时、每周7天不间断运转，超过一半的经理希望他们的员工能在工作时间以外回复电子邮件和电话。不管什么时候，只要我在小组中发言，我总会问一个问题，即有多少人在度假时也会查看电子邮件。结果，绝大部分人都举起了手。

接下来是沟通地点的变化。20世纪80年代，员工们想要的是没有干扰的办公室，所以公司为他们建了小隔间。到了90年代，员工们却似乎愿意放弃隐私，更直接地与他人进行接触和互动，因此，开放办公室应运而生。

如今，员工们又开始走回老路，想要更多的隐私和更安静的环境。尽管许多组织都在努力设计出一种适合所有人的办公室布局，但最成功的设计方案应该是考虑多方因素的灵活性设计，这种布局一般包括常规的办公室、小隔间、会议室、会客室、休息区、冥想室、咖啡厅以及室外空间。

高科技设备以及其他各种设备普及的速度越来越快，我们现在可以在地球上的任何地方工作。作为一名员工，你可以在家里、在咖啡店，甚至在飞机或者其他交通工具上工作。作为老板，让你的员工选择工作地点和工作方式，对于确保他们感觉舒适、感到获得支持和能在一种创造性的环境中工作等，都至关重要。我们在研究中发现，越来越多的员工愿意少赚一些钱，以换取这种灵活性。我们相信，未来最成功的领导者必将欢迎这种灵活性。

随着我们的文化、社会、人口和技术的变化，我们的工作场所也在不断变化。当这些变化发生时，我们必须考虑新的员工偏好、优先级和行为。下面的表格比较了过去和现在的工作场所（见表5.1）。

表5.1 工作场所的变化

比较角度	过去	现在
结构	垂直	扁平
工作日程	按部就班	灵活的
信息	孤立的	共享的
着装	商务	休闲
地点	集中的	分散的
环境	不可选择	可选择
会议	正式的	自发的

当然，沟通最重要的部分是沟通的双方。和沟通的内容、时间及地点等要素一样，在过去几年里，沟通或面谈的双方也有了很大的发展。很久以前，大多数面谈是面对面进行的，规模大、形式正式、安排精心。今天，面谈往往规模更小、更随意、更自然。当然，高科技在这一发展过程中发挥了至关重要的作用，使得地理上分散的劳动力能够以10年，乃至20年前根本不可能做到的方式分享想法、进行合

价值激活

作和联系。随着高科技的不断发展，面谈的定义将继续受到挑战。

你可以看出，我是高科技、灵活性和开放协作的强力支持者。但我还看到了它们造成的负面影响：人际关系弱化，整体幸福感下降。虽然远程工作给了我们选择的自由，但它往往将我们与同事和领导隔离开来，而正是同事之间的人际关系，才使得公司正常地运转。

多年来的居家工作让我感到孤独，于是我开始强迫自己去办公室工作，到城市的各个地方和别人见面交谈。当你缺乏真正的人际互动时，就失去了一些使合作变得有意义、有趣味和人性化的机会。《哈佛商业评论》上的一项研究发现，最具工作效率和创新精神的团队，其领导者既有任务型的，也有人际关系型的。领导者如果只关注结果，忽视了取得这些结果所需的人际关系，那得到的结果也将是无效的。人与人之间的交流，比虚拟的沟通重要得多。

单单使用高科技来开展协作的团队，只会形成较弱的关系，而较强的关系可以使团队更具奉献精神，并且人员流失更少。1977年，麻省理工学院教授托马斯·J.艾伦（Thomas J. Allen）研究了科学家和工程师之间的交流模式，发现他们的办公桌离得越远，交流的可能性就越小。如果他们相距30米或者更远，那他们经常交流的可能性一般为零。面对面的交谈能使人们更亲近对方，也能让合作更加有效。

惠而浦公司（Whirlpool）烹饪全球领袖项目的厨宝全球品类负责人迈克·马克斯韦尔（Mike Maxwell）表示："一方面，使用高科技设备进行交流联系，让人感到冷冰冰的，而且我不太愿意问一些可能使我显得无能的问题。另一方面，在面对面的交流中，我能够更好地观察办公室内的氛围，读懂人们那些没有说出口的话。解读办公室的氛围，对于了解什么时候需要进一步解释或者什么时候该放下不愉快的事情，是至关重要的。"

许多公司正在远离远程工作模式，因为他们觉得，最好的创意一般都来自饮水机旁边员工之间随意的聊天，而这些闲聊，是员工在远程工作时不可能发生的。一些最大的高科技公司正在加大对办公室设计的投资，以鼓励员工之间的交流。

> 苹果公司位于加利福尼亚的总部像是个不明飞行物（UFO），也像五角大楼，其办公面积超过280万平方英尺（1平方英尺 ≈ 0.09 平方米），可以容纳约1.2万名员工。建造这个巨大设施的目的是鼓励员工之间以及部门之间的合作。苹果公司首席设计师乔纳森·埃维（Jonathan Ive）希望"建造一座让众多的人能够互相联系、合作、行走和交谈的大楼"。

在本章中，我将帮助你更好地与同事建立深厚的关系，在这样的人际关系中，你要做到积极参与、主动接触并且卓有成效。让我们从一个小测试开始，以帮助你了解在工作场所合作时你有多么依赖高科技设备（见表5.2）。

这个简短的测试会让你知道在合作交流中你有多么依赖高科技设备，而非拿起电话或者与他人见面聊天。你的分数越高，表明高科技设备对你工作中的人际关系的负面影响越大。

价值激活

如果你的分数低于 20 分，很可能你与团队成员较为经常地进行面对面交流，并建立了比较牢固的关系。如果你的分数超过 20 分，就像已经参加过这个测试的大多数人一样，这表明你是一个高科技成瘾者，因此，今后你要竭力使自己远离它，采用更加人性化的交流方式来与人交流。

表 5.2　对高科技设备依赖程度评估表

我早晨醒来后的第一件事是查收电子邮件。 1—从不；2—很少；3—有时；4—经常；5—总是
我想方设法避开见面交谈，因为可以用电子邮件或即时通信的方式来代替。 1—从不；2—很少；3—有时；4—经常；5—总是
我不在办公室时，也只回复电子邮件而不是打电话。 1—从不；2—很少；3—有时；4—经常；5—总是
在一天中，我会频繁地查看手机，看看是否有新的电子邮件或短信。 1—从不；2—很少；3—有时；4—经常；5—总是
我使用高科技设备，是因为它们能更高效地帮我传达信息或解决业务问题。 1—从不；2—很少；3—有时；4—经常；5—总是
我尽量避免当面化解办公室冲突，宁愿通过电子邮件、短信或即时消息来沟通，以解决分歧。 1—从不；2—很少；3—有时；4—经常；5—总是

为了帮助你弄清楚什么时候使用以及如何使用高科技设备，这个表解释了你在工作中必定会遇到的各种情况（见表 5.3）。

表 5.3　使用高科技设备的场合

活动	你该做些什么
安排一次与同事的见面交谈	使用谷歌日历、微软的个人邮件及资讯管理软件或其他程序来安排会面，但要确保是电话交谈、视频会议或者面对面的交谈，也就是说，你可以看到对方，或至少听到对方的声音。
处理工作中双方情绪都不稳定的冲突	完全不用高科技。相反，直接和你的同事说话（至少拿起电话），以确保情绪得到表达，冲突获得解决。
让你的同事或经理知道你请了一天病假	给你的团队发邮件，告诉他们你因病不在办公室，但如果有必要，可以回复紧急邮件。
分享一个对你的团队和组织有益的新创意	不要把你的创意发邮件给团队，而要等到每周例会的时候再和他们分享。这样的话，团队成员就可以对你的创意挑刺，帮助你改进，并且你的创意也可能会在共同讨论的时候被采用。

既然你已经知道了如何改进你的交流方式，那么让我们来谈谈面对面交流的重要性以及如何建设一种更开放的文化。通过完善你自己的沟通方式，你便为同事树立了一个好榜样。相反，如果你没能提升自己，便会影响你的整体幸福感，使你更难成为高效的领导者。

竖井：协作的敌人

当你的公司中出现了"竖井"时，协作会难以进行。一旦团队和

价值激活

部门都在忙着挖"竖井",就不会和其他团队及部门分享信息,这将降低效率,打击士气,使得员工隔离开来。如果你公司的两个团队正在做同一个项目,但彼此不了解对方,那在双方协作方面会产生大问题。

当各团队积极地和其他团队分享他们的目标、进展及成果时,你就永远不会陷入那种难以协作的境地。与其让两个团队相互竞争,看谁能先完成项目,不如让他们一起协作,或者让某个团队彻底停止该项目的工作,由另一个团队独立完成。

公司中存在权力争斗并且缺乏合作时,就会出现"竖井"。如果一个团队不愿意和另一个团队会面,或者似乎在隐瞒一些重要的信息,协作便无法进行。协作失败的另一个迹象是,你们的会议几乎没有或者完全没有成效。浪费时间的会议会让员工感到沮丧,而且常常会使他们找各种借口来逃避这种会议。我们每周超过三分之一的时间都花在开会上,几乎一半的员工认为开会是浪费时间。当会议失败时,协作也就失败了。

别把科技设备当作避开交流的借口

与其依赖高科技设备进行协作,不如利用它与团队建立更有意义的联系。说到与他人交流,我有点内向,总觉得躲在电脑后面与人交流比较容易。

在高中的一个暑假,我参加了实习,向陌生人打了一千多个推销电话,但我宁愿发一封电子邮件,也不愿冒着别人告诉我"我不感兴趣"

的风险。即使对方同样是拒绝我，但在电子邮件上看到，不会像电话里听到那么刺耳，也远不如电话拒绝或当面拒绝那样让我感觉像是针对着我个人。出于这个原因，我在职业生涯早期更喜欢使用电子邮件和社交网络来联系重要高管和成功商人。

不过，慢慢地我学会了通过电话或者当面交谈的方式，将众多的电子邮件交流转化为良好的商业关系。从那以后，我开始意识到，我最初使用的数字式交流很适用于合作初期，但面对面的交流帮助我建立了更加牢固的情感联系，给我的生活带来了更多机会。

正如之前说过的那样，我们在脸书上花费了近三分之一的个人时间和上班时间。除此之外，我们每天还会花 6.3 小时查看电子邮件，发送 30 多条短信。当我们享受着这些平台即时满足和严丝合缝的服务时，实际上它们并没有看上去的那么有效。我们许多人都沉迷于发送和接收信息，但是，简单的面对面交谈可以节省很多时间、精力和情感。别忘了马赫德·罗格汉尼查德的研究，该研究发现，面对面的请求，其有效性是用电子邮件进行请求的 34 倍。

面对面的交流更容易建立信任，因为人们会根据你的语气、语调和肢体语言对你产生更好的印象。如果过度依赖高科技，你会失去建立信任所需的人性和情感。假如没有面对面的交流，而不得不等待他人回复短消息、电子邮件、即时信息和社交媒体信息，这对你们的关系来说更会是一种沉重的负担，而不是一种有益的资产。

当你的团队成员更担心他们应该使用什么样的协作工具而不是分享信息来实现目标时，你就遇到问题了。尽管高科技设备十分好用，

价值激活

但重点还是应当支持你的团队成员，鼓励他们分享观点和想法。**高科技设备不应被用作交流拐杖或避开交流的借口；相反，它们应该是深化人际关系的起点。**

办公室"门户开放"政策

通过对全球数千名员工的调查，我发现人们普遍希望公开、诚实、透明的沟通。与自信满满、雄心勃勃、尽心尽力甚至颇有抱负的领导者相比，我们更愿意领导者对我们开放胸襟、诚实笃信。这是因为，开放和诚实创造了建立牢固关系和建设强大团队所需的信任。以下是一些在你的团队中宣传推广开放交流文化的方法。

1. **让团队中的每个人都致力于开放包容和平易近人**。要做到这一点，最好的办法是事先为他们制定基本规则，让大家达成一致。例如，假定你有一间办公室，你就应该制定一条"门户开放"政策，鼓励所有团队成员都来你的办公室分享想法或反映问题，并向他们保证这样做不会产生任何不好的反响。你可以尝试下面的开放式交流练习。

开放式交流练习

在一次全体会议上，让每位团队成员都写下自己上周某次成功的经历和遇到的困难。让他们把自己认为成功的事情写下来，可以使他们对自己所做的工作心怀感激；把遇到的困难写下来，能够让他们承认自己并不完美，还有改进的空间。在每名团队成员写下这两件事情后，你可以在会议室里来回走动一下，鼓励他们分享自己写的东西。

待某一员工讨论了他遇到的困难之后，团队的其他成员就要公开讨论，探讨现在该做些什么来克服这一困难，以防止其在将来再度出现。如果你每周都重复这个练习，那便意味着你正在开始创造一种人人都可以谈论自己的成功与失败的企业文化。这有助于更快解决问题，让团队成员感到更舒服。这种开放式的交流方式还可以帮助你和你的团队将小问题及时处理，防止它们日后变成更大的问题。

2. 支持实时反馈。我们的研究表明，员工希望获得经常性的反馈，没有耐心等待一年一度的绩效评估。要让你的团队成员适应你更频繁的反馈，就要从你自己开始做起。如果你的某位同事在一次会议上以一种令人不快的语气分享了内心的想法，事后你要马上跟他谈谈，并且解释说，尽管这个想法很棒，但还是可以采取更好的沟通方式。

3. 分享你的待办事项清单。你可能认为，自己的任务和目标只需自己知道就行了，但其实，和同事分享你的任务和目标，会增大你完成和实现它们的机会。当同事们知道你在做什么、你的工作重点是什么时，他们会不自觉地帮助你完成。你和同事都可以通过分享每天或每周的待办事项清单来让自己（和相互间）承担责任。如果你落后了，团队中的其他成员也可能会帮你渡过难关。

价值激活

共享的待办事项清单示例

这是一个简单的共享待办事项清单示例,我们在公司里用来为高管会议做计划。我的团队中的每一名员工都被分配了一系列任务,互相分享,以确保步调一致,不做重复的事情,同时也确保人人都肩负责任。

我们有一个共同的目标:使活动成功并将责任平均分配给团队成员,以便大家发挥出各自的专长来完成任务。以下是一个团队的待办事项清单的示例。

同事 1

○ 联系有可能在活动上发表演讲的演讲者,并且召集一次会议来审阅他们演讲的内容和期望达到的目标。

○ 将演讲者的简介、图片和主题发送给同事 5,以便在网站上发布。

同事 2

○ 联系赞助商,通知他们这次的会议和可利用的付费演讲机会。

○ 审阅议程,确保议程排满并有足够时间分配给每位演讲者。

同事 3

○ 收集演讲者的演示文稿，并使用我们的模板整理它们的格式。

○ 把准备工作综合起来，让与会者回顾活动前的一系列准备工作。

同事 4

○ 与高管联系，邀请他们参加活动。

○ 监测损益表，以确保活动能够盈利。

同事 5

○ 创建活动网站，展示议程、演讲者、地点和涵盖的主题。

○ 给我们的数据库发送电子邮件，通知其中的新事件，并登录注册。

在你的团队中建立开放的沟通文化非常重要，使员工不会害怕表达他们的意见和感受——即使是正在努力适应你的工作风格的新招聘员工。要做到这一点，就永远不要因为团队成员说实话而惩罚他们。相反，要尊重他们，因为他们希望团队能够做到最好。

团队中的每个人都可能愿意贡献自己的点子。但作为领导者，团队成员提出的点子太多，会使你处于一种尴尬的境地，你会因为不得不选择其中的一些而舍弃另一些——毕竟，你不可能总是让每个人都

价值激活

开心。只是一定要保证人人都充分理解了你选择这些点子而不是另一些点子的原因。

即使是开放的交流，也会出现冲突

即使你尽了最大的努力，工作中还是会出现冲突，因此，你应该让每位员工都知道如何管理冲突，防止失控。迈尔斯-布里格斯（Myers-Briggs）公司的架构师（CPP）估计，员工每周需要花近3小时处理冲突。虽然年长员工可能会把你拉到一边，私下里请你帮忙解决争端，但年轻员工往往会试图采用远程方式解决问题，把自己藏身于手机或电脑等设备的后面。不幸的是，这种做法常常适得其反，使得原本可以只花5分钟来面对面解决的小争端，最终在一周之内爆发成大冲突。

因为短信和即时通讯属于科技型交流方式，所以，它们给人的印象是能帮助人们建立人际关系。但是，这样建立起来的人际关系极其肤浅，无助于员工充分表达自己的情绪，理解其他人的想法，或者合作解决问题。同时，它们还会使得员工尤其是更有可能通过手机、电脑等设备进行交流的年轻员工无法与团队中的其他人充分沟通，导致他们感到更加孤立，更难与他们应该合作的人建立联系。

如何减少办公室冲突

1. 了解团队成员的需求、工作风格及个性。 想想他们可以容忍什么样的语言和态度，以便你向他们表示尊重。根据员工们过去做过的事情来了解他们在交流时的偏好。从他们的肢体语言和口头语言中寻找线索，进一步了解你在和他们一起工作时需要表现出的随意或者老练程度。

2. **调整你表达信息的内容、语气和语言，消除任何可能产生的误会或误解**。例如，年轻的团队成员可能倾向收到即时通信平台上发送简短的信息，而年长的、经验更丰富的员工可能更倾向与你开展正式的面对面探讨，或者更倾向收到发送包含多个段落的电子邮件。

3. **经常鼓励和支持你的团队**。团队成员不会想和那些竭尽全力使他们更加成功的人们发生冲突。帮助团队成员解决他们的问题，提供必要的资源来帮助他们完成可能遇到问题的工作，或者释放一些善意（比如请他们喝咖啡），将使他们更少与你发生冲突。

4. **寻求帮助**。我们中有太多的人害怕寻求帮助，因为没人想被人们认为自己没有能力完成自己的工作。如果你发现自己对某位同事感到沮丧，明智的做法是向你的经理或值得信赖的导师寻求建议。外部顾问能帮助你在可能发生的冲突出现之前就发现问题，或者在问题还没有恶化时帮助你解决。

5. **制定解决工作场所冲突的指导方针，在冲突发生时迅速制止**。创建一个文档，其中包括团队成员报告冲突时应该遵循的基本步骤，以及他们自己应采取的解决冲突的步骤。小问题可以在同事之间处理，而大问题则应上报管理层。

不幸的是，无论你怎样想方设法预防冲突，都无法控制其他人的

价值激活

行为，总有一天冲突会爆发。发生这种情况时，你要准备一个冲突管理流程，使之尽可能顺利地化解，并且避免任务和项目因此被延迟。

如何化解办公室冲突

1. 先听听有关各方的意见，不要匆忙、草率地着手解决问题。

2. 让团队成员表达他们的感受、意见和挫折感，以便你更多地了解他们的观点，知道如何接近他们。

3. 清楚地定义问题是什么，并且确定下一步的行动，这样你就可以继续解决它。

4. 找出分歧中隐藏的共识。

5. 与各方交流，集思广益，这样想出的解决方案对大家都有利。一旦选择了解决方案并达成一致，就要确保各方都能继续前进，并且需要明白他们应做些什么来防止同样的问题再次发生。

化解冲突的练习

想想你现在正在处理的或者将来可能处理的冲突。然后拿一张纸（或者打开电脑上的文档），把它分成两列。在左边那一列，写下你对冲突另一方的认知。在右边那一列，写下所有可观察到的事情和客观事实。在回顾这两列中的内容时，试着从左列之中找出被右列中举出的一个或多个事实证明是错误的故事。这个练习将有助于消除你的可能妨碍冲突解决的不必要的情绪，并且确保你采用成熟的方式处理冲突。

如何处理各种办公室冲突

不管你喜不喜欢，在职业生涯中，你总会遇到各种各样的冲突。为了向你介绍怎样解决你可能遇到的一些常见的冲突，我在这里帮你分析两种情形，并且提供一些有助于澄清事实的对话示例。

管理情绪化的员工

你下属的团队中的某个员工有一天心情十分糟糕，因为他感到不被人赞赏、不舒服，或者他的父亲下岗了。这些情形，有的可能远远超出了你的控制范围，但你仍然不得不处理这名员工的情绪，因为这可能影响每一位团队成员的工作效率、整个团队的成功以及你与他们的关系。

花时间倾听这名员工的倾诉，表达你的同情或关心。为他做件好事（做件积极的、令他意想不到的事情），比如带他出去吃午饭，听他倾诉。

对话示例

你：我注意到你今天的心情比其他时候都差。你怎么了？

情绪化的员工：我觉得，自己作为团队的一员，没有受到赏识，也没有像我希望的那样获得表扬和奖励。

你：你能不能给我举个具体的例子，也就是你作为我们团队的一员取得了一些成绩却没有得到表扬的时候？

情绪化的员工：1月份我们完成了大型产品的发布之后，

141

价值激活

虽然我是负责创建产品的首席程序员,但我觉得我并没有因此而获得赞誉。

你:我很遗憾你有那种感觉。我们会确保你下次获得你应得的表扬。谢谢你提醒我。虽然我要到下个季度才能给你发奖金,但我会记住的。

管理年长的员工

如果你是经理,你的一位直接下属比你年长,他可能给你留下了懒惰、摆资格或不合格的印象。这可能让他感到很沮丧,因为他觉得团队应当由他来管理,而不是你,但实际上你才是理所当然的经理人选。管理年长员工的最好建议是花时间了解他们的经验和抱负。一定要让他们知道你尊重他们的智慧。你可以创造一种反向指导的情境,在这种情境中,你向他们征求意见,而不单单是发号施令。了解他们有哪些方面的培训需求、他们的动机是什么,以便更好地为他们服务。

对话示例

年长员工:我不确定我是不是赞成你管理这个项目的方法。我在这里工作 10 年了,我认为,先召集一个项目启动会议,比立即启动项目更加有效。

你:我尊重您,您拥有宝贵而丰富的商业经验,在这里工作的时间比我长得多。但在我以前工作过的公司里,我的团队在开始合作之前往往能够更有效地独立工作。

年长员工：相信我，召集一个项目启动会议，将在整个项目管理过程中为所有人节省大量时间。如果你按我的方法去做，你在这家公司的压力就会小得多，也会成功得多。

你：我会试试您的方法，因为您以前已经成功地做过了。我愿意尝试新方法。如果这种方法不适合我，我仍会采用我自己的标准流程，但首先，我们先试一试您的方法。

价值笔记
Back to Human

增加交流开放度

使用高科技设备促进真正的联系。

避免将高科技设备作为唯一的交流方式。

进行开放式交流。

试着帮助你的团队成员适应开放式交流,使他们能够舒服地分享自己不同的想法和面临的障碍。

做个积极的倾听者。

更好的倾听将帮助你确定团队成员的要求、需要和风格。这将帮助你在冲突发生时更快地解决它们,甚至可以将冲突扼杀在萌芽阶段。

第 6 章 表扬在绩效评估之前

> 太多管理者认为人们在为他们工作；他们没有意识到他们应该为员工工作。
>
> ——加里·维纳查克（Gary Vaynerchuk）
>
> 脸书独立董事、科技公司投资人

我十几岁时，已经积累了十几个足球奖杯，却没有赢得很多比赛。我经常得到父母和老师的表扬——即使我显然不值得表扬。他们还告诉我，我很特别。回想过去，我可以看到，我的自我曾经多么享受这些赞美和奖励，但同时我也发现，它们让我对自己有了一种自负的看法。我的许多同龄人都在同样的环境中长大，不断受到表扬，经常听着人们说自己有多好。

如今，作为成年人，我们不再向父母、老师和教练寻求赞美、证书和奖杯了，而是将这种要求转向了我们的经理。当然，年轻员工的确需要很多表扬。这点很明确。但对今天的领导者来说特别难办的是，

价值激活

他们的员工需要频繁获得表扬。你下属的团队成员不只想等待一年一度的绩效评估和加薪，而是需要更多的定期反馈。如果你想成为高效的领导者，你就必须为他们频繁地提供反馈。

年长的员工总是指责年轻员工缺乏耐心、颐指气使。我承认，在某种程度上他们是对的。随之而来的持续不断地需要获得表扬的要求，其背后的驱动力之一其实是高科技设备的影响。例如，你团队中的员工更新了他们的脸书状态，说他们刚刚做完了一个大项目，接下来他们会花上一两天时间，让脸书上他们认识的所有人都点赞、分享、评论"干得好"和"你太棒了"！如果身为团队领导者的你在网上发布一组庆祝信息，同样的事情也会发生。

接受这种电子"点赞"的人们马上就会获得很棒的感觉，这种感觉会一直持续到第二天。这样会让他们对自己的团队、领导者和老板更加忠诚。但是，生活总会逐渐回归正常——只除了一件事：你几天前表扬过的人，现在需要更多的表扬，而且立刻就要。

一种新的瘾：表扬

高科技与伴随它产生的即时满足感，以及多巴胺，这三种事物的结合，造成了一种严重的成瘾问题。说到这点，我是非常严肃的。

多巴胺在大脑所谓的"奖赏通路"中发挥着关键作用。各种能给我们带来快乐的东西，比如食物、性、毒品、锻炼和赞美等，都在刺激着这条通路。作为回应，奖励系统使用多巴胺向大脑的其他部位发送信息，好比在说："嘿，这感觉真好，我们再做一次吧。"我们的大脑就是这么说服我们吃东西和进行性活动的——这两种活动对我们这个物种的延续至关重要。当奖赏通路被药物、酒精或其他物质劫持时，就会上瘾。

在工作中，我们大多数人都能根据事实进行推理，并且知道，假如我们努力工作，把工作漂亮地干好，就能得到表扬，而这会让我们感觉很棒。问题是，由于我们已经习惯了被周围的人称赞，所以对这种赞美上瘾了，就像对各种手持设备上瘾一样。

在缺少反馈的情况下，人们有时候很难知道自己的工作是否重要。所以，作为领导者，如果你想要一个动力满满、快乐幸福的团队，那么，你的职责就是确保自己给出了反馈。你在表扬下属员工时，他们会感受到各种各样的积极情绪，包括满意、幸福和愉悦，他们会努力工作，以便继续赢得你的表扬。

但如果他们得不到表扬，就会像正在戒毒而得不到毒品的瘾君子一样，会感到空虚、不满足、不被赏识和不成功。"经过7个月的艰苦努力，我支持的一个项目的一位高级领导者终于表扬了我。"阿迪达斯全球大学高级项目经理维姬·吴在回忆时说，"这让我重新振作起来，要知道，当时的我由于繁重的工作而感到万分沮丧。在很长一段时间里，他的表扬仿佛给我的'油箱'加满了油。"

对我们这些在工作岗位上埋头苦干的人来说，表扬的确很重要，但即使是那些在公司的组织架构中身居高位的人，同样也需要表扬。维珍脉搏公司总裁兼首席医疗官拉吉夫·库玛说道："作为CEO，你

价值激活

通常察觉不到，原来你自己的工作也需要获得员工的认可和表扬。一般来讲，你通常都是在表扬员工的工作，尽管这是理所当然的。"

拉吉夫补充道："但对我来说，最鼓舞人心的事情莫过于召开一次成功的董事会，然后听到大家在会上说'这太不可思议了，我们希望我们所有的投资组合公司都能这样开董事会，会议准备充分、目标明确，一点也不拖泥带水'。对我来讲，这是世界上最美妙的感觉之一，也是我感觉最被认可和最有意义的方面。"

挂在办公桌上方的门票

对团队成员的表扬不仅能让他们更努力地为你工作、在公司待得更久，也能在他们的脑海中留下持久的美好记忆。家庭影院（HBO）数字内容高级经理凯蒂·卢卡斯（Katie Lucas）拥有一份大多数人认为很酷的工作。她早年在家庭影院从事的一个项目是重新发布《权力的游戏》（Game of Thrones）的观众指南，这是该电视剧的终极资源，每集之后都会有大量的更新。

为了能在第四季首播之前发布新的网址，凯蒂的团队通宵达旦，在办公室吃饭，并且经常周末加班。她告诉我："我工作的时间太长了，连做梦都想着《权力的游戏》，但睡眠时间却很短，就像原著作者乔治·雷蒙德·理查德·马丁（George R.R. Martin）的粉丝们知道的，很可怕。"

这次发布十分成功，几个月后，她的团队获得了"互动艾美奖"

（Interactive Emmy Award）。凯蒂回忆："我简直不敢相信。我在俄亥俄州的克利夫兰郊区长大。在我看来，艾美奖不是我这个层次的人可以奢望的。"她心想，尽管她的团队获得了这个令人垂涎的奖，但受到称赞的人只会是高管们，也只有他们才会受邀参加颁奖典礼。

接下来，出乎她意料的是，她的创意总监突然打来电话，问她是否愿意去洛杉矶参加颁奖典礼。凯蒂在红毯上度过了一个美妙的夜晚。参加颁奖典礼的还有摩根·弗里曼（Morgan Freeman）和《权力的游戏》的摄制组，他们一同与之前获得的 5 座艾美奖雕像合了影。

凯蒂激动地回忆："那个夜晚对我来说意味着什么，我实在难以用语言来表达。起初我怀疑自己是否真的配得上这张票。我当时对我的经理也说了同样的话，他告诉我，我比任何人投入的时间都多。直至今天，我还把那张艾美奖的颁奖典礼门票挂在我的办公桌上方。"

反馈或表扬能给个人、团队和整个公司带来极大的好处，遗憾的是，许多领导者并没有给予下属员工太多的反馈和表扬。我与百胜餐饮集团（Yum! Brands Inc.）联合创始人兼前 CEO 大卫·诺瓦克（David Novak）进行过交谈。他讲述了自己是如何在一家拥有 9 万多名员工、年产值 10 亿美元的公司中创造一种感恩文化的。

戴维会给"言行一致"的员工发放橡胶鸡、奶酪头或者会行走的牙齿等创意小物件。他将自己的表扬个性化，避免给员工发放普通的牌匾或证书，这表明他关心并理解什么才能激励员工——或者至少让他们开怀大笑！他说："我们建立了一种注重表扬的文化，我们的每个团队、领导者和品牌都以他们自己的方式在全球范围内接受表

价值激活

扬。结果呢，通过表扬整个公司的员工，我们将团队成员的流出率从150%以上降低到了100%以下。"

以下是一些关于表扬的价值的例子：

- 承认在工作中获得了对自己有意义的表扬的员工，继续留在公司工作的可能性高出11倍，对工作完全满意的可能性高出7倍。
- 拥有正式表扬计划的组织，其运营利润率多出6倍，员工积极性最高。
- 获得表扬的员工积极投身工作的可能性是他人的2倍。

赞美比金钱更能激励人

金钱或许能让你招募到一些聪明的人才，但是，除非他们觉得自己得到了表扬和赏识，否则他们不会留在你身边。正如我的导师丹尼尔·平克（Daniel Pink）在他的著作《驱动力》（*Drive*）一书中所写的那样："当那些低薪工作有着比高薪工作更加清晰的目标时，我们会放弃高薪，转而从事低薪的工作。"

从短期来看，钱可能是一种甜蜜的回报，能供我们买到更多的杂货和支付房租。但从长远来看，我们渴望有意义的工作。表扬对我们的生活有着更深刻的影响，因为它能让我们觉得自己很重要。日本国立生理学研究所教授定藤规弘说："对大脑来讲，获得称赞和得到金钱奖励一样，都是一种社会性奖赏。"称赞可以帮助你减轻压力，让你更自信，激励你追求卓越。

这并不是说没有人在乎钱。人们当然在乎。不过，总的来说，虽然金钱给了我们的团队成员一些动力去完成任务，但表扬能让他们真正想去做一件工作。我们的感觉比我们挣多少钱更为重要。在一项研究中，近五分之四的员工表示，他们获得的最有意义的表扬，比物质奖励或礼物更加令他们有成就感。

杜克大学教授丹·艾瑞里（Dan Ariely）进行过一项实验。在实验中，研究人员将英特尔公司设在以色列的一家半导体工厂的员工分成三组，然后在某一周的工作开始时给每组员工分别发去不同的邮件，每一封都承诺将对他们一天内完成的所有工作给予不同奖励。

这三封邮件其中一封承诺的奖励是一张免费比萨的优惠券，另一封承诺给予他们现金奖励，第三封则承诺让他们的经理给予他们罕见的赞美。实验中的对照组员工则没有收到任何表扬和奖励的邮件。

第一天，获得比萨券奖品的员工的工作效率比对照组高了6.7%，获得经理称赞的员工比对照组高了6.6%，获得现金奖励的员工比对照组高了4.9%。第二天，拿到现金奖励的员工的绩效实际上比对照组还差了13.2%，到了周五他们的效率甚至下降了6.5%，反而导致了公司的成本增加。到实验结束时，得到经理表扬的那组员工表现最好。显然，获得表扬是最重要的——甚至超过了比萨！

麦肯锡公司的最近一项研究得出了类似的结论。该研究发现，与薪酬、现金奖励以及股票期权等金钱激励措施相比，非金钱的激励措

价值激活

施（比如直接上司的表扬、领导者的关注和担任项目领导者的机会）在调动员工积极性方面更有效。

67%的高管、经理和员工说，来自管理层的赞扬极其有效，相比之下，只有52%的人表示，基本工资的提高也是非常有效的激励措施。在维珍脉搏公司的研究中，当我们问员工什么能让他们在工作中更加投入时，超过三分之一的人回答的是"更多的表扬"。加拿大的12名研究人员问了同样的问题，结果得到了更有力的回答——有58%的人认为是"获得表扬"。

在一天之中，你有无数的机会去表扬你的团队成员，这可以使他们的工作经历和满意度发生翻天覆地的改变。下表展示了5种最常见的表扬团队成员的方式（见表6.1）。

表6.1 5种表扬团队成员最常见的方式

场合	如何处理
当场	表扬员工时，并不总是需要事先计划，所以，不要害怕当场表扬。当你当场给予某人表扬时，他会觉得这种表扬更加真诚。
会议期间	在会议开始之前，想一想你要给予员工的表扬和你将怎样以及何时给予。我建议你首先从表扬整个团队开始，然后再挑出里面的个人来表扬，并且解释为什么你认为他们作出了有价值的贡献。这样的话，其他员工也不太可能感到心烦。
路过时	如果你碰巧走过你打算表扬的某位员工身边，就把他拉到一边去表扬。但是动作要快一点（当然也要真诚一点），因为你们两人可能都有要事在身，必须回到自己重要的地方去。

（续表）

场合	如何处理
远程场景	如果你想表扬远程员工，那就给他打电话或者和他开个视频会议。这比发短信或发电子邮件更让人感到贴心。
正式的绩效评估中	最容易进行的表扬是在正式的绩效评估中。但你不要仅停留在对员工的表扬上——花点时间解释一下为什么这些员工值得表扬。

金钱作为激励因素之所以缺乏有效性，一个可能的解释是，有太多的经理给员工加薪和奖金只是为了阻止员工离职，而不是为了奖励员工的优异绩效。经常性地对员工取得优异绩效给予奖励可能会更有激励效果，尤其是考虑到从金钱、资源和培训时间上来说，更换一名员工得耗费多少成本！

使用金钱作为激励手段的另一个问题是，尽管员工在第一次获得奖金时会很兴奋，但一旦钱花完了，他们的兴奋感就消失了，于是他们接下来会想要更多钱。你给予的奖金越多，员工的期望就会越大。你永远也赶不上他们的胃口。这是另一种上瘾。所以，趁早给员工更多表扬，不要再依赖金钱激励来推动绩效提升。

拍拍背，还是提供冰激凌

正如我讨论过的那样，表扬员工的方法有很多。但并非所有人都会对这些表扬方式产生共鸣。有的人希望得到公开表扬，比如，彪马

价值激活

公司女装部商品经理凯蒂·瓦尚更喜欢在同行或者更大规模的团体面前获得公开的称赞。

而另一些人则更喜欢被上司在私下里拍拍后背以作表扬,比如米高梅国家港口公司负责市场营销和广告的副总裁克里斯·古米埃拉。他说:"我不需要夸大其词的表扬,也不需要被单独挑出来赞美,相反,只要一封简单的感谢信,便能鼓励我走得更远。"

一些人可能会更容易受到金钱的激励,而另一些人则可能更容易受到非实质性东西的鼓舞。学乐教育集团技术副总裁斯蒂芬妮·比克斯勒说:"真相是无法回避的。我会从表扬中得到满足。有人表扬我工作努力,可能比给我更高的薪水或奖金更让我满意。"她补充道:"我们咨询业务的负责人对我们的努力感到自豪,并在团队会议室的几个场合认可了我们的工作。这种赞扬和表扬让我觉得我改变了世界。"

只要简单地问一句,便能够想出使你的表扬最大限度发挥效用的方式以及哪种或哪些方式最有效。但要准备好听到一些最诚实的答案,比如我从明思利集团业务发展总监萨姆·豪那里获得的答案。

他说:"我认为,老一辈人有种倾向,把千禧世代当作幼儿园小朋友来对待,而且会给我们提供冰激凌和比萨,回报我们的辛勤工作。"他补充道:"现在,我和其他人一样喜欢冰激凌和比萨,但我还希望能在工作中获得更多的认可,被给予更高的职位以及相应的薪酬、责任和影响力,能赢得更多的表扬。

从本质上讲,我们想得到更多的发言权,并且在众所周知的领导岗位上占据一席之地。我们希望获得成年人的待遇,不希望被人们当成需要安抚的'奖杯世代'[①]。"

不用害怕为奖励措施增加一些趣味性。威瑞森公司客户体验经理吉尔·扎卡尔祖夫斯基告诉我,在最近一次领导会议之前,她带着团队去了一家玩具店。她说:"我们并没有为员工颁发奖杯或证书,而是用魔方来赞赏他们的组织能力,用临时文身来表扬他们的最大奉献,用变形金刚来表扬他们的适应能力,用奥拉夫雕像来赞扬他们的冷静。"她接着说:"这不仅是个滑稽的颁奖典礼,而且每个人都很高兴,他们还可以将奖品重新赠送给家中的孩子们。"

另一个需要考虑的大问题是多久表扬一次。虽然实际上并没有哪个数字是神奇数字,但我可以保证,你需要比现在更加频繁地表扬员工。世界薪酬协会(WorldatWork)的一项研究表明,表扬中的最常见类型是对工作年限长的员工进行表扬,以我的经验来看,这种表扬一般需要在公司中工作长达 5 年,才能获得。这可能对年长员工有效(55 ~ 64 岁的员工在岗位上的平均任期往往都超过 10 年),但年轻员工在一家公司中连续工作时间通常都不会超过三年,大部分都等不到老板表扬其成就,就已经转投别的公司了。

像美国全国广播公司消费者新闻与商业频道(CNBC)电视节目《收盘报道》(Closing Bell)制作人劳拉·佩蒂(Laura Petti)等一些年轻员工,每天都会收到老板的反馈和赞赏。她说:"每天节目结束后,

---

① "奖杯世代"其实是指千禧世代。美国过去几十年的教育改革,使得教育者更重视肯定和鼓励学生,这种鼓励学生的风气走入了一个极端,使得很多孩子在一些非常稀松平常的成就上也获得了长辈的赞誉。因此,这一代人又被称为"奖杯儿童"。

我们都会开展事后分析，讨论节目的亮点与不足。这种反馈不断地推动着我们前进，所以，我们从不满足，只希望每天都能做到最好。"

还有另一些人，对它们来说，一周表扬一次就够了（尽管这对你来说似乎还是很多）。契普多墨西哥餐厅培训主管山姆·沃罗贝克说，只要表扬不是间隔一年，那么，隔多久都行。他说："表扬可以每季度一次，也可以是每半年一次。都没关系。只要比绩效评估的次数多就可以了。"他补充说："任何一名员工接受绩效评估时，都不应当还在想着他们将被别人怎样评价，尤其是高级领导者的评价。"

当你在考虑怎样表扬及隔多久表扬员工时，还有一个重要的因素需要记住：虽然不是所有员工都喜欢被公开表扬，但很多年轻员工会觉得这是种激励。当你在众人面前称赞某位团队成员时，会让你和这位员工都拥有好名声。五分之四的员工表示，看到别人因为取得成绩而受表扬，他们也会更努力地工作，这其中的部分原因便是他们也希望获得表扬。

在那些对受表扬员工的成功有帮助的人当中，旁观者效应尤其强烈。恩特普莱斯公司（Enterprise）副总裁兼总经理布莱恩·泰勒（Bryan Taylor）说："虽然因为自己的成就而赢得表扬可能令人满足，但看到团队的员工取得成功并获得赞誉，会让我产生更大成就感。"他补充道："当我看到那些辛勤工作的人实现了他们的目标，而我也能通过克服困难来帮助他们实现目标时，这便是最有成就感的肯定。"

最后，不要低估个人联系的价值。由于我们很多时间都在网上，所以，在社交网站、公司网站或时事通讯软件上发布一些东西，或者发送一封电子邮件来表扬员工，都非常容易做到。虽然这种类型的表扬也很好，但是，面对面的联系和交流还是要有效得多。

不要违心称赞

表扬和称赞的确对受表扬者有很大好处，但是，有的人在听到或看到别人受表扬时，会（发自内心地）认为自己没有得到应得的表扬，对于这些人，表扬他人可能会无意中导致他们内心产生嫉妒或其他负面情绪。他们也许因为自己的工作没有得到赏识而感到痛苦或愤怒，或者认为你表扬的人不配受表扬。

如果他们很久都未能获得表扬，他们可能会开始感到不安，并且会暗示自己永远都得不到你的尊重、赞扬或晋升。这个时候，万一他们辞职，你和你的团队便会人手不足，就不得不考虑如何招人顶替他们了。但如果他们不辞职，我可以打赌，他们的工作效率一定会因此受到影响，并且还对团队中其他人的态度造成恶劣影响。这里介绍表扬他人可能会产生意想不到后果的两种情形以及应对的最佳方法。

第 1 种情形：你表扬某位员工而引起了另一名员工的嫉妒

假设你在团队面前称赞某位员工时，另一名员工觉得他也应该得到同样的表扬。如果你得知了那名员工不高兴，你可以把他拉到一边，解释为什么表扬另一名员工而不是他。

例如，若是受表扬员工完成了一项重要的具有里程碑意义的任务，你就要向感到不满的员工解释这项里程碑式任务的完成对整个公司有什么影响。这样员工就会明白，你在通过这种方式传达这样的信息：大家的生活会因为他人的成功而得到改进，即使这种好处只是间接的。接下来明确地告诉他，你认为什么样的成绩值得表扬，以便为他设定期望。

最后，选择这名不满的员工正在做的某个项目，向他解释，如果他做得好，同样会得到表扬。此外，还要清楚解释"成功"的定义，并询问你能做些什么来帮他达到目标。

第2种情形：你表扬了一名不值得表扬的员工

你可能觉得你的某名员工不开心或者没有得到太多的爱，你想为他做点什么，因为你认为这样的话，他就不会辞职。下次再见到这名员工时，你很可能对他不吝赞美之词，以示问候。但是，如果另一名员工（经常从你那里获得很多表扬的人）无意中听到了你对这名员工说的话，会感到沮丧和困惑。

在经常受表扬的员工看来，可能你现在称赞的这名员工其实很懒惰，或是缺乏必备技能，或者两者兼而有之。为了避免这种情况在团队中爆发并导致问题，你需要让经常受表扬的员工理解你的意图，使他们不至于觉得被忽略或不被赏识，或者认为你在偏袒表现不佳的员工。下次一定不要违心称赞。如果你称赞的那个人并无能力，公司想解雇他，你便很难向公司的法务部门解释当初为什么要称赞他。

说到给予赞美，当你能够，也应该表扬整个团队时，为什么不直接表扬整个团队呢？表扬整个团队，每个员工都不会感到被冷落，也不会相互嫉妒。将团队作为一个整体来加以表扬，还会创造一种归属感，并且加深员工之间的关系。你可以每周、每月或在项目的基础上肯定和表扬团队。以下介绍几点做法：

1. **通过指出每名团队成员的贡献，并且谈论实现目标的具体行动、应有优势和成果，分享团队在实现目标过程中的具体故事**。例如，如果你的下属团队中有人准备了一次商业陈述或营销演示。而另一个人做成了一笔新业务，请指出这两项成绩。

如果没有演示文稿，销售人员可能就还没有做好完成交易的准备；如果没有销售人员去做业务，那么营销演示就只能摆在那里，永远无法转换成新的业务。如果你的团队中恰巧有一个懒鬼，你就要把他拉到一边，谈一谈他需要改变什么。

你要为员工给出明确具体的反馈以及可实现的目标，并在你希望看到的可测量的最后期限之前，把这些告诉他们。如果员工不遵守规定，那么是时候开始寻找替代人选了。

2. **鼓励同事之间互相肯定和表扬**。作为领导者，你的肯定和表扬对员工来说固然很好，但员工们还需要知道他们的同事也很欣赏他们。在会议开始或结束时留出一些时间，让每名团队成员对其他人说几句表示欣赏的话。推动全面评估，使团队成员互相提供反馈，这样，他们不但能提升自己，还能为他人的成功作出贡献。

3. **评估你的团队的绩效**。除了你必定会开展的个人评估之外，请开始对团队定期进行评估，注意整体的成就和需要改进的领域。每季

价值激活

度（或每半年、一年或在你认为最合适的时候）举行一次会议，讨论团队过去的成绩、当前的形势、未来的目标、怎样实现目标，以及需要在哪些方面做得更好。

理想情况下，这不是一种只针对某一名员工的评估，让所有的团队成员都参与进来，分享他们的进展，谈论他们面临的障碍。这将帮助团队成员更好地支持那些难以实现目标的人。

从说"干得好！"到说"谢谢你！"

作为领导者，除了表扬员工外，表达对他们的感恩之情也很重要。赞美和感恩的差别是微妙的，但十分重要。简单地讲，赞美员工是让他们对自己感觉良好，而感恩员工则是表达你对他们努力的感谢。稍稍换一种说法，即赞美是说"干得好"，而感恩是一句真诚的"谢谢你！"。再强调一下，这种差别很微妙，但十分重要。

虽然我们中大约有一半的人会经常对和自己有关系的人说声"谢谢"，但只有15%的人会在工作中说"谢谢"。在最近的一项调查中，超过三分之一的人表示，他们的经理从不对员工表达感恩之情。另一项研究发现，工作场所是最缺少感恩的地方之一，60%的人在工作时从不表达谢意。雅诗兰黛全球人才经理艾米·琳达（Amy Linda）对此作了一番很好的总结。她说："尽管人们表达感恩之情只需很少的时间，但他们很少这样做。"这太令人沮丧了，不是吗？

讽刺的是，表达感恩之情是提高工作效率的一种极其有效且成本低廉的方式。在一项研究中，某大学将其募捐者分成两组。第一组在联系捐款校友时，和以前一样拿起电话，打电话请求对方捐助。第二组听过募捐部门主管的激励演讲，主管在演讲中对募捐者的工作表示了感恩。一星期后，第二组募捐者比第一组打的电话多了50%。

接受人们真诚感恩的人，往往很有动力。表达感恩之情的一方同样如此。感恩的力量十分强大，能够防止你和你的团队卷入降低士气的、适得其反的争吵。如果你能对团队成员的努力工作和鼎力支持表达感谢，便有很大可能阻止有可能爆发的争吵。

肯塔基大学（University of Kentucky）的一项研究显示，在表达感恩方面得分较高的参与者，即使收到负面反馈，也不太可能对他人采取报复行动。他们更有同情心，报复心也更小。除了能防止工作中的冲突，表达感恩还能减少社会比较和不必要的竞争，因为感恩能将人们更紧密地团结在一起，而不是把他们推得更远。经常对你感谢的事情表达感恩，尽管是个十分简单的举动，但效果非常强大，有时候，即使你没有明确表达谢意，也能产生显著效果。

哈佛商学院（Harvard Business School）教授弗兰西斯卡·吉诺（Francesca Gino）的研究显示，那些看重祝福与感谢的人通常更专注、更警觉，精力更充沛、生活更满意，更容易参与促进健康的活动，比如去健身房。还有其他一些研究发现，心怀感恩的人睡得更好、更不容易生病、血压更低、感到与他人联系更紧密，而且更乐于助人。

创建感恩文化，对团队中的所有人来说都是双赢的。如果告诉员工你感恩的事情，并营造一种每个人都能感到别人在支持自己的工作

价值激活

环境，他们也会通过帮助别人完成项目或者肯定与表扬别人的工作来传播积极情绪。换句话讲，感恩是具有感染力的——接受它的人更有可能"感染"他人。

心存感激之人能更好地应对压力，也不太可能感受到嫉妒或怨恨等破坏性情绪。他们对自己的工作更加满意。毫无疑问，快乐的员工更努力工作，也会让顾客更快乐。而顾客快乐，则会让股东也快乐。下面的练习有助于你深入了解你对周围人的感恩程度。

个人练习：你感恩着什么？

在接下来 1 小时左右的时间里，写下所有你在工作或生活中感恩的事情。例如，我是一个性格内向的人，在家里能够以最好的状态工作，因此，能够与那些理解我并且让我从事全职远程工作的商业伙伴共事，我充满感恩。

我也对父母充满感恩，尽管我在职场中犯了很多错误、经历了许多失败，但他们一如既往地支持我。当我面对巨大的障碍和挑战时，他们的慷慨和耐心几乎每天都在给我警醒。试着对生活中至少 3 个人和工作中至少 3 名同事写下一段感谢的话。

在完成这个单独练习后，召集你的整个下属团队开一次会，然后再做下面这个练习。以这种方式先反思自己，再去倾听团队成员对他们工作中值得感恩的事情的看法。如果你不知道自己感恩的是什么，又怎么去感谢别人的贡献呢？我相信，在你开始鼓励别人感恩之前，自己必须先成为一个懂得感恩的人。在表达感恩时，要以身作则！

团队练习：感谢他人

2016年，我和其他49位故事讲述者一同踏上了查尔斯和琳恩·舒斯特曼家族基金会（Charles and Lynn Schusterman family foundation）发起的"以色列之旅"（journey to Israel with REALITY），这些人包括电影导演、记者，还有一位曾是音乐剧《汉密尔顿》（*Hamilton*）在百老汇演出时的原班人马之一。

旅行的第一天，我们分成了更小更亲密的小组。最后一天，每个人都拿起一张纸，写上自己的名字，然后把纸和笔向右传递。每次从左边的人那里收到这张纸后，你必须对被写在这张纸最上面的那个人写下感激的话。例如，有一位旅行中的好友对我形成了积极的影响，我写道："非常感谢你在这次旅行中对我的支持，这对我来说意义重大，让我获得了有意义的经验。"写完后，我们把纸张传递下去，重复这个过程，直到我们都写下了对其他所有人的感觉。

安排一个长达1小时的团队会议，带上笔和纸分发给每个人。你可以在会议室、办公室以外的地方或者任何私密地方这样做，在那里，你的下属员工可以很舒服地分享他们对彼此的真实感受。

这个练习会让包括你在内的所有人都产生更深的联系和感激之情。理想情况下，你的团队成员和其他人在一起会感到很

价值激活

舒服，这样他们便可以大声说出内心的想法。但如果情况不是这样，那就慢慢来。

表达谢意无须耗费太多精力，但可以对你的同事关系和整体幸福感产生重大影响。这里介绍3种对团队成员表达感恩之情的方式。

1. **不要用发短信或电子邮件的方式来赞美员工，而要在团队面前当面表扬**。这将鼓励其他团队成员更努力地工作，以获得类似的表扬，并且也能表明你领导的团队重视员工的勤奋工作。

2. **摆出令团队成员惊喜的小小姿态**。例如，与其发信息向他们表达你对他们辛勤工作的感恩之情，不如在纸上写一张便条。这将比冷冰冰的电子信息显示出更多的努力和关心之情。你也可以带他们出去吃午饭或者在他们桌子上放个礼物，比如一个马克杯或者一张他们最喜欢的餐厅的优惠券。

3. **表达感恩之情时要具体**。给出具体例子，明确说出团队成员为你做了什么以及如何改变了你的生活。谈谈他们某次帮助同事解决问题的情境，聊聊这如何帮助了团队目标的实现。通过这种方式，团队成员可以快速回顾自己所做的工作，理解这对团队很重要的原因。

价值笔记
Back to Human

让表扬落到实处

练习感恩的艺术。

首先从意识到你对什么感恩开始。然后告诉你的团队成员，你对他们的努力有多么感恩。当你向下属团队表达感恩之情时，他们也会开始做同样的事情。这能增强团队的凝聚力，使得团队中所有人都能欣赏别人，有助于建立一种健康的文化。

留意你在称赞谁，以及你为什么称赞这个人。

要注意，你表扬某位员工时，可能会在团队中引起嫉妒和怨恨。要尽可能真诚，如果你发现自己因为非正确的原因称赞了某人（例如，因为担心他们可能辞职），那就安排一个时间开展一次重要的讨论，以消除误会。

除了表扬个人的表现外，还要表扬团队的绩效。

这将创建一种更强大的文化，帮助团队成员增进他们的同事关系并相互欣赏。经营企业是一项团队运动，需要每一名员工共同贡献才能实现所有目标。增强团队的力量而不是只关注个人，有助于创造长期成功所需的协同和联系。

BACK TO HUMAN

第三部分
建立组织联结

BUILD ORGANIZATIONAL CONNECTION

大卫·诺瓦克

从必胜客的营销总监、百事营销总监、百事首席运营官、肯德基总裁，直至百胜集团董事会主席的传奇 CEO，让公司股价上涨 850% 的核心文化——OGO 指导原则的开创者与推动者。工作之外，诺瓦克还致力于慈善和高等教育事业。

BACK TO HUMAN

成功与失败的区别归结起来，就是领导者的决心。我活着是为了赞赏与鼓励他人，提升生命的层次，帮助培养领导者，鼓舞员工。把时间花在这上面，我就是在度过最美好的时光。

第 7 章 个性胜过简历

> 个性胜过简历。一个在你所招聘领域拥有多个学位的人,并不总是会比一个经验丰富、个性优秀的人更好。
>
> ——理查德·布兰森
>
> 维珍品牌创始人

在过去 10 年里,招聘形势一方面在持续变好,另一方面也在持续变差。但有一件事是保持不变的:当你做出正确的招聘决策时,就能优化你的团队,壮大你的公司,提升你的事业。

然而,由于商业步伐在不断加快,各公司总在寻找省钱的方法,现在公司大多都求助于高科技招聘工具来降低人才招聘的成本,并扩大能够接触到的人数。虽然这些公司吹嘘他们通过电话或视频面试节约了多少资金,但他们似乎没有意识到,这两种方法都无法取代面对面的面试。在进行面对面的面试时,你会和别人见面,看到他们的肢体语言,观察他们是如何应对的。

价值激活

简而言之，电话或视频面试忽略了对关键的情感联系和性格特征的考察，而这些特征将帮助你招揽到可能是最出色的求职候选人，并且让他们在你身边待得更久。这种做法有着巨大的效益。

招聘到了与公司文化不相符或者不能与团队其他员工合作的人，会对公司的竞争力、客户满意度以及团队适应变化的能力产生明显的负面影响，这也会给你的团队带来连锁反应，导致团队中的其他员工质疑他们的整体认同感。

一些应聘者认为高科技设备提高了面试效率，但大多数人觉得，高科技设备会引发挫败感、缺乏透明度、不够贴近个人，也无法提供他们所寻求的基本反馈。当在线评估使应聘者与面试官走得更近时，应聘者的表现要比当高科技将人性从体验中移除时好得多。

应聘者可以从帮助他们找到工作的高科技设备中获益，但如果要做出正确的就业决策，仍然需要通过人际互动来解决。和你在哪里工作或者做什么相比，将来与你一同工作的人也同样重要。最起码，在招聘过程中使用高科技设备而节省的任何成本，最后还是会被错误招聘的岗位候选人造成的额外费用和其他损失所抵消。

糟糕的招聘让公司损失 1 个亿

你的公司越小，聘用错误的员工给团队和公司带来的痛苦就会越大。如果你是一家初创公司的领导者，而你聘用的接替员工在工作中没有取得成功，那么，这个挫折可能严重到让公司倒闭。美捷步公司

（Zappos）CEO 谢家华（Tony Hsieh）说，糟糕的招聘已让美捷步公司损失了 1 亿多美元。

一项研究发现，一次不合格的招聘所花费的成本是员工工资的 2～3 倍，而当我们采访几百名企业主时，发现仅替换初级员工的成本就约为 2 万美元。另一些研究表明，每名员工的直接招聘成本在 2.5 万至 5 万美元之间。伸展台租衣网联合创始人兼业务发展主管珍妮弗·弗雷斯对此深有同感。她说："招聘到正确的员工是提高生产率的关键，因为当你招聘了错误的员工时，会浪费大量时间。"表 7.1 列出了招聘到错误的员工可能会花费的最大的直接和间接成本（间接成本通常比直接成本更重要）。

表 7.1 招聘到错误的员工所花费的成本

直接成本	间接成本
招聘	雇用一名完全有生产力的员工需要 3～7 周，这个过程增加了对现有员工的压力
发布招聘广告	工作效率损失
面试	士气下降
培训	知识损失
离职补偿金	工作质量降低
背景审核	客户满意度减小
入职	对客户满意度减小
诉讼	对公司的声誉造成损害

价值激活

我刚刚开始我的职业生涯时,公司的沟通主管给我讲了一个关于某位员工的故事。尽管那名员工才华出众,却对团队有害。他总是迟到、抱怨、散布关于同事的谣言,并且态度极其恶劣。不过,他的工作十分出色,正因为如此,公司没有立即解雇他,但他的同事纷纷离开了。所以最后公司还是解雇了他。

这个故事要表达的关键信息是,一个人天赋异禀并不意味着他就是你要招聘的合适人选。才华出众但会给公司带来毒害的员工,最终只会让你付出超过他们价值的代价。

高科技面试弊端之一:忽略软技能

我们都明白,良好的人际关系是健康工作场所的基石,所以,我们在招聘新员工时难道不应该更强调个性吗?和我们不喜欢的人共事,是件令人十分头疼的事情,但是,和一个性格很好的人一起工作,却让人极为兴奋。硬技能固然很重要,但它们可以在工作中学到。而对于创建蓬勃发展的团队非常有价值的无形的软技能,纵然是高科技也难以评估。

各公司在尝试使用机器、预测算法、机器人和人工智能等高科技进行招聘时,需要后退一步,真正考虑一下招聘的目标。招聘的核心本质应当是将合适的人才与合适的工作岗位和团队匹配起来。当我们继续加大对机器的投资时,我们会失去对现实中人与人之间联系的追踪,而这些联系,正是聘用优秀员工和建立同事友谊的基础。

各公司正在使用机器消除招聘偏见、评估应聘者的个性等品质、筛选简历以识别和分析应聘者的表达能力,并且筛选社交媒体帖子来审核应聘者的姿态和情绪。尽管这可能有助于公司筛除数百名甚至数千名应聘者,但归根结底,只有人才能做出招聘决定,我们不能依赖这些工具来为我们做决定。

在维珍脉搏公司的一项研究中,有93%的人同意这一观点。但让我担心的是剩下的那7%——我怀疑,越来越多的基于高科技的选择,正在逐渐将人的作用从招聘过程中排除出去。

首先,运用高科技进行面试是非常复杂的。例如,应聘者必须拥有良好的互联网连接,但令人震惊的是,这并不是总能得到保证,因为我就在某一次的面试中被拒绝了,尽管我当时的确是合格的人选。

糟糕的互联网连接还可能导致延迟,使得应聘者显得能力不足或导致误解。另外,几乎没有哪位应聘者会把家里布置一番,使得灯光、声音、背景和妆面等都处于最完美的面试状态。我们也不能忽视那些性格内向和在镜头前很害羞的应聘者,他们在视频中的表现,可能不如他们本人的实际表现那么优秀。

总而言之,虽然使用高科技设备可能使得招聘更容易,但这并不是一种好的招聘方法,而且,对应聘者来说,这样来决定最终结果,可能是一种糟糕的方式。

即使互联网连接十分完美,也不能保证招聘到优秀员工。契普多墨西哥餐厅培训主管山姆·沃罗贝克向我解释了为什么他再也不用视频对其他应聘者进行面试了。他回忆道:"我招聘了一个在镜头前表现出色的'摇滚明星'。他给出了所有正确的答案，有着很好的个性，并且制作了一份作品集来展示自己多么有才华。后来，我们轻松完成了面对面的面试流程，整个团队都爱上了这个家伙。但两个星期后，我让他走人了。"这是为什么呢？山姆说道："他完全是个自私自利、自高自大的家伙。尽管极有魅力，却是团队的毒瘤。"

那么山姆对面试有什么建议呢？他说："在面对面的面试中深入挖掘，是了解一个人是否适合你的团队的唯一方法。视频面试只是一个筛选过程。"

百健公司（Biogen）的人才招聘副总监迈克·施纳勒（Mike Schneller）同意山姆的观点。他说："在整个面对面的面试过程中，你一直都有机会了解站在你面前的到底是个什么样的人。没有哪种高科技设备可以让他们隐藏起来，没有手机，没有视频会议，没有电子邮件，只有你和应聘者，讨论着什么事物可能会为你们的生活带来变化。"

迈克认为，运用高科技设备时，你可能做出错误的招聘决定，因为人们有一种错误的自信感，这会让你看不到你真正需要看到的东西：应聘者的诚实。他告诉我："在面试过程中，人与人之间的互动是我们唯一真诚的联系，我们不能忽视握手的价值。"

此外，面试是一种双向的互动，所以重要的是应聘者能不能被"记住"。应聘者当然需要给你留下好印象，但你也要给他们留下好印象。当你们进行面对面的面试时，相当于你给了他们一个重要的机会来认识你，观察办公室环境，了解公司文化和熟悉他们未来的同事。

高科技面试弊端之二：肤浅了解

高科技招聘和筛选工具面临的最大挑战之一是，如何评估一项最重要的人际关系无形资产：讨人喜欢。

在一项研究中，加拿大安大略省麦克马斯特大学（McMaster University）的教授们发现，通过视频面试的应聘者给人们留下的印象大多不太讨人喜欢，而且获得招聘推荐的机会比参加面对面面试的应聘者低。与此同时，应聘者也认为面试官缺乏吸引力、不够有风度、不太值得信赖、能力不够强。另一些研究也发现了同样的问题，于是，研究人员顺理成章地得出以下两方面的研究结论：

1. 使用高科技设备来面试，对面试官和应聘者都不利；
2. 虽然使用高科技设备的面试可能是为了服务于某个宝贵的目的，但如果你需要对大量应聘者进行初步筛选，那么，等到该做出最终的招聘决定时，面对面的面试仍然必不可少。

沃尔玛全球行为科学主管奥姆·玛尔瓦（Om Marwah）根据自己的领导经验得出了类似的结论。我们在进行视频通话或者打电话时，会失去非语言交流的机会。在面对面的面试中，双方从个人层面上感受同理心和吸收想法的能力会被放大，所以当你没有采取这种方法时，你和应聘者之间的谈话的质量远比面对面交谈低得多。奥姆说："因此我经常飞赴美国各地，只为了和很多人面对面地交流。"

价值激活

技能可以传授，个性却无法传授

足够聪明并且有能力胜任你安排的工作的人很多，但是拥有独特的人格特质，能够很好地融入你的团队的人却不多。而且技能可以传授，个性却无法传授，所以我总是建议经理们根据应聘者的个性和与公司团队的契合度进行招聘，然后根据新员工的技能水平举行培训。

如果你和某位员工相处不好，或者他没有正确的态度或职业道德，那将会对你的整个团队产生负面影响。许多公司已经意识到了这一点，但也并不是所有公司都有这样的认识。在我们开展的一项研究中，企业老板们告诉我们，公司唯一最重要的招聘标准是文化契合度，而不是经验、经历的培训、平均业绩和教育水平。老板们最看重的三项技能是软技能：积极的态度、沟通与团队合作。以下是几位顶级CEO在招聘时看重个性的理由（见表7.2）。

表7.2 顶级CEO招聘案例

CEO	理由
爱马仕美国（Hermes US）CEO 罗伯特·查韦斯（Robert Chavez）	说到招聘，我们寻找的是有幽默感、会微笑的人。
特斯拉（Tesla）CEO 太空探索技术公司（SpaceX）CEO 埃隆·马斯克（Elon Musk）	我最大的错误可能是太看重一个人的才能而不是个性了。我认为，一个人是否有一颗善良的心，真的很重要。
星巴克董事局主席、CEO 霍华德·舒尔茨（Howard Schulz）	招聘是一门艺术，不是一门科学，简历不能告诉你某个人是否适合某家公司的文化。

美国西北大学凯洛格商学院（Kellogg School of Management at Northwestern University）教授劳伦·里维拉（Lauren Rivera）对一些顶级的专业服务公司进行了研究，观察了应聘者和老板之间文化相似性的关系。她不出所料地发现，老板们会寻找与自己在文化、经历、目标和工作风格方面相似的应聘者。

在第 4 章中，我讨论了多样化观点，并且解释了为什么有意识地建设多样化的团队并且在团队中拥有各种背景、经历、文化等的员工是十分重要的举措。我在这里所说的文化契合，与我所说的多样化观点绝不矛盾，也就是说，职场文化契合度比总体文化稍微难定义。问题便是人们如何融合。

一名女士穿着牛仔裤和 T 恤去一家保守的投资银行面试，可能就不太适。正在申请高级销售工作岗位但跟别人眼神交流都困难的害羞的年轻人，可能也不太合适这一岗位文化。人们不会招聘一个不注重细节的人来当服装设计师，一个肥胖的人来当私人教练，或者一个焦虑症患者来当外科医生。

百思买（Best Buy）公共关系高级经理卡莉·查尔森（Carly Charlson）很好地总结了"契合度VS多样化"的问题。她说："在招聘时，我寻找的是和我秉持相同价值观的人。这并不意味着他们需要像我一样——假如他/她和我有着不同的背景、风格、经历，便可以成为团队的巨大资产。"她补充道："但是，在工作中找到一个和我秉持共同核心价值观的人，如敞开胸怀的沟通、主动学习的意愿和团队至上的态度等，关系重大。"

价值激活

在面试时，卡莉除了会询问应聘者与工作相关的问题外，还会询问他们在空闲时间喜欢做什么。她说："这听起来像是一个想起来就问的问题，但我十分震惊地发现，他们对这个问题的回答，居然能透露出他们是什么样的人、喜欢什么，将会如何融入我们的团队。"

5种品格特征，精准招聘新员工

当你为下属团队招聘时，应当在应聘者身上着重寻找5个性格特征。向应聘者提出一系列重大战略问题，密切关注他们对这些问题如何回答，你将能对应聘者进行筛选。让我们仔细看看这些性格特征如何造就优秀的员工，以及如何判断应聘者是否具备这些特征。

自信

和我交谈过的许多公司老板和招聘经理都告诉我，自信是许多应聘者缺失的一个性格特征。如果你不自信，就不太可能分享新想法、坚持信仰、尽自己所能地在工作中表现得最好。你会自我怀疑，也会给人留下比你实际上更糟糕的印象。当你充满自信时，你知道自己在做什么，也明白如何把自己的知识传授给别人。一个人缺乏自信时，会将这种精神状态不知不觉地渗入团队，影响团队的整体表现。

作为面试官，如果应聘者不跟你进行眼神交流、握手软弱无力、说话吐词不清且不连贯，或者"抬高嗓门"说话，你自然会对他失去兴趣。这些往往是缺乏自信或者不确定自己在说什么的迹象。自信的员工在帮助他人、向他人传授技能等方面更加高效，同时也能更好地在没有压力和分心的情况下完成任务。有时候你会面试到一些看起来很害羞或者说话结结巴巴的人，这可能会让人觉得他缺乏自信。但与其立即评判他们是否自信，不如评估他们的专业知识、他们问的问题以及他们的着装。想办法让他们感到自在和安全，这有助于他们对你敞开心扉。

> **面试问题：你在以前的工作中克服了什么障碍？**
>
> 这个问题的答案可以让你了解应聘者克服挫折和应对各种工作场合中必经的挑战的能力，不自信的员工将没有毅力找到问题的不同解决方法，而自信的员工则能找到。

态度

你希望招聘到态度积极的员工，因为他们能提升周围每个人的士气，鼓舞和激励团队成员表现得更好。相反，态度消极的员工通常对其身边的人来说是可怕的。他们会影响整个团队的绩效和公司的整体文化，而且经常导致其他人想要换个团队或者离开公司。

思爱普有限公司（SAP）旗下 Multiposting 公司的 CEO 西蒙·布切兹（Simon Bouchez）告诉我："当然，你总是希望招揽到最聪明、最有才华的人。但我很快意识到，对你的产品、你的业务和你的团队秉持积极态度的人，其实比任何一个聪明睿智却缺乏热情的人都能创造更多的附加值。"

179

价值激活

咨询师马克·墨菲（Mark Murphy）追踪调查了2万名新员工，考察了态度对职业轨迹的影响。马克告诉我，他发现，在失败的新员工中，有89%的人是因为态度而失败，只有11%的人是因为缺乏技能而失败。

态度消极的员工更难接受指导，情商、激情和文化契合度都较低。这种消极的态度基本上妨碍了他们的工作绩效，阻碍了他们与同事融洽相处，也影响了他们对公司的满意度。当工作中出现不可避免的变化和挑战时，态度积极的团队成员更容易冷静应对问题，而不是惊慌失措。

面试问题：你什么时候向团队中的同事承认你犯了错误？你是怎么处理的？

这个问题的目的是让应聘者告诉你，他会如何处理工作中的失误。态度积极的人通常会告诉你，他们会向自己的团队道歉，并且解释下次如何更好地处理。态度消极的人则往往会说他们以前团队的坏话，或者用一种语气或肢体语言传递同样的信息：这是别人的错，不是我的错。态度积极的应聘者会对自己负责，不找借口或指责别人。

专业

应聘者最显而易见的专业表现便是准时参加面试（或早到）和注意基本礼仪。他一走进会议室，你就可以快速判断他给你留下的印象以及他是否十分适合你的组织。其着装的方式对他的自我感觉和工作绩效有很大影响。在一项有趣的研究中，研究人员要求 17 名研究对象在接受认知测试前自己选择切换一下正式着装和休闲服装。

结果发现，着正装的人更有创造力，更能解决问题。身着正装时，人们会感到更有力量、更有控制力，而且会更认真地对待自己。当应聘者穿着 T 恤前来面试时，他显然没有认真对待面试，那么你也不应该认真对待他的求职申请。

面试问题：给我举一个你和团队成员发生冲突的例子，告诉我你是如何自行处理的？

> 仔细倾听。这个问题的答案会让你知道应聘者在艰难局面下会如何控制自己的情绪。工作上的冲突迟早会出现，但你肯定希望员工和他们的同事能以一种不损害团队的专业方式来解决冲突。

讨人喜欢

我有两个朋友，他们都很讨人喜欢，因为他们散发着正能量，和他们在一起我很快乐。在工作场合，讨人喜欢的人总能让你做最好的自己。此外，他们拥有令人难以置信的竞争优势，因此往往能更快获得晋升并且与他人建立牢固的关系，而这将为他们带来新的机会。

自 1960 年以来，盖洛普公司在每次美国大选前都会发布一项人格因素民意调查，这些调查显示，受欢迎程度是预测最终选举结果的三个不变因素之一。人们无法认同自己不喜欢的候选人，也不会投票

价值激活

给他们。在美国心理学协会（American Psychological Association）发表的一项研究中，研究人员比较了讨人喜欢和自我推销这两种个性的应聘者。结果发现，一方面，讨人喜欢的应聘者被认为更适合这份工作，更有可能被招聘者推荐或直接聘用；另一方面，面对热衷于自我推销的应聘者，招聘者在招聘决定上要么态度中立，要么直接否定。

面试问题：谁是你的良师益友，为何这么说？

这个问题的答案会给你一些关于应聘者与他人关系的线索。讨人喜欢的应聘者通常能吸引更好的导师，并且以更加积极的方式描述这些关系。一个自称没有导师的人可能态度傲慢，抑或自认为无所不知，抑或没有花时间去寻求支持。人人都需要导师！

好奇心

你希望应聘者对你的背景、你的高管、你的产品、你的公司和你的行业感兴趣。对自己的潜力充满好奇、愿意尝试新任务和新角色的人更能适应变化，挑战自我，成长为胜任的团队成员。

具备这种性格特征的人拥有解决问题的能力、不断学习的需要和对团队的坚定承诺。这种人更愿意向别人学习，也更乐于接受团队的多样性。一项研究发现，57%的公司正在寻找具有好奇心的应聘者。西蒙·布切兹告诉我，他经常直言不讳地问应聘者是否访问过该公司的网站，以及他们做出过哪些改变。

面试问题：你对这个职位或公司有什么问题要提吗？

应聘者对这个问题的回答，可以让你了解他们为面试做了多么充分的准备，对你和你的公司多么感兴趣。如果他们没有问题，也许就意味着他们并没有对公司、产品或者你本人做过多少研究，即使他们研究过了，大部分信息也都是从手机上搜索得来的。

应聘者应该询问公司的愿景、你的背景、产品路线图、企业文化，以及他们一旦开始为你工作，你给他们的日常安排可能是什么样的。好奇的人会问很多问题，而面试是一种双向的交流。应聘者需要给你留下美好印象，就像你需要给他们留下美好印象一样。那些没有提出优秀问题的人或者根本不问任何问题的人，不会是你想要的那种员工，因为他们不会突破界限或挑战现状（见表7.3）。

表7.3 应聘者个性评估表

问题	你从应聘者的回答中可以了解些什么
你怎样描述你自己？	这将促使应聘者反思他们如何看待自己。
你是如何处理以前与同事或客户发生过的冲突的？	你将深入了解应聘者如何处理棘手的事情。
你最好的朋友会怎样描述你？	这将使你了解到应聘者谈论他们如何对待别人，特别是他们真正关心的人。

价值激活

（续表）

问题	你从应聘者的回答中可以了解些什么
你怎样参与社区事务？	这能让你了解应聘者关心什么，他们的工作之外的生活是什么样的。
你会如何处理一项起初看起来不可能完成的任务？	这有助于你更好地理解应聘者如何解决问题，即使问题具有挑战性。
你喜欢团队工作还是单打独斗？为什么？	你将了解应聘者的工作习惯，以及他们是否有能力在你的团队中与他人成功合作。
你何时对生活感到最满意？	这将让你知道，如果你聘用他们，如何才能最好地支持他们。
在工作中你不喜欢做什么？	你将了解到应聘者不愿做什么，或是了解到他们可能认为自己在哪些方面能力不足。
你何时对工作感到兴奋？	这将揭示什么能激励应聘者。
工作之余，你喜欢哪些类型的活动或爱好？	除了了解他们参与社区事务的情况之外，这个问题还让你知道应聘者在哪里投入时间。

潜在的招聘信号

你有一天在举行面试时很可能会发现，某位应聘者的表现让你意识到，他并不适合你的团队或公司。也许是因为他与你缺乏眼神交流，握手时软弱无力，面试迟到，频繁大笑，或者是别的方面的表现。抑或是他缺乏与你和你的组织在一起工作的激情。还有一些信号，包括如精力、态度，甚至面试中提出的问题的数量等。

当你询问应聘者在什么时候觉得自己有成功的工作经验或在某个

项目上表现出色，他们却无法准确地说出来时，这能说明很多问题，而且都是不好的信号。这表示他们通常缺乏自尊，或者在之前的工作经历中并没有获得足够的经验或成果。

如果你觉得某位应聘者夸大了自己的成就，这时你就要密切关注一下了。若是他说的话与他带来的简历、他在网上发布的资料或你所知道的事实相去甚远，要提高警惕。他可能是在美化自己，因为他内心紧张或者想给你留下好印象。或者，这证明了他并不诚实或不善于团队合作。那些把团队辛勤工作的成果归功于自己的人往往是自私的，如果你聘用了这种人，他可能无法成功地与其他团队成员合作。

另一个潜在的信号是：如果你问应聘者工作之余有什么爱好，而他却一直在谈论工作，那他可能是个工作狂。尽管你的团队中能拥有这样的人听起来不错，但那些永远放不下工作的人最终会耗尽精力，而且常常不开心，这都会降低个人和团队的工作效率。

最后，当应聘者给出的答案是你在之前的面试中多次听到的一成不变的答案时，这意味着他可能缺乏创造力。显然，为面试做好准备很重要，但你需要的是能够独立思考而且回答问题既自然又自信的人。

假设你正在为下属团队招聘一名数字营销助理，并且正在寻找一系列软技能和硬技能。为了让你更好地了解面试中应聘者可能出现的性格特征以及它们可能意味着什么，这里有一段对话示例。

你：请告诉我你使用数字化工具为以前工作过的公司增加潜在客户的经历。

价值激活

应聘者：我有5年的数字营销经验，使用过电子邮件、社交媒体、平板电脑和手机等工具进行营销。在一次网络营销活动中，我们利用各种各样的社交媒体网站，产生上百万的流量，带来了50万美元的新产品销售额。

应聘者不仅简洁地回答了你的问题，而且声明他能够利用各种工具来产生真正的商业业绩。这表明他是有能力的，你可以预测到他将给你带来类似的业绩。

你：列举你在工作中犯过的一个错误及你是如何改正的。

应聘者：在上一份工作中，我曾经没能在项目截止日期前完成任务，因为工作量太大，我没有按轻重缓急进行排序。为了解决这个问题，我做的第一件事是让我的团队成员团结起来，首先承认我自己犯了错，然后要求他们多给我几天时间。最后，我完成了这个项目，没有给团队带来太大的负面影响。

一开始你可能会认为这个应聘者不可靠，但他很诚实，并解释了他是如何以专业的态度处理这种情况的。大多数应聘者都不会承认自己的错误，因为他们不想让人觉得他们失败了或者配不上这份工作。但是，每个人都会犯错，坦诚在与任何人建立信任关系中都是最重要的因素。

你：你觉得你适合我们公司吗？

应聘者：我计划使用新技术来推进贵公司的营销工作，我希望最终成长为公司的首席营销官。我对与强大的团队合作、向同事学习并通过共同努力取得优异业绩充满了热情。

这个回答告诉你，应聘者有着雄心壮志和强烈动机，表明他关心团队，而不是只关注自己的兴趣。如果你对面坐着的应聘者拥有适当的技能和专业知识，上进心强，具有团队精神，那为什么不聘用他呢？

你：你有什么问题要问我吗？

应聘者：如果我有幸被录用了，我的日常工作是什么？

这是一个很好的问题，因为工作岗位的职责描述很少能够准确告诉你，在新员工入职时你要做些什么，或者那个岗位的工作在组织中是如何完成的。这位应聘者很好奇，想知道在接受工作之前他得做些什么。我猜你可能想到了一两次你之前面试时的情形，在那些情形中，你希望自己在接受工作之前也提出过类似的问题。

尝试一次咖啡馆面试

你不必拘泥于传统的面试程序或安排。当你把应聘者放在一个不寻常的或者意想不到的环境中时，通常能够更好地了解他们的个性

价值激活

特点，也能更好地评估他们解决问题的能力。你还可以看到他们调整自己的风格、姿态和独立思考的能力。下面的例子将告诉你如何让面试流程对你和面试者都更加有效、更加独特、更为有益。

咖啡馆面试

在我刚离开学校的首次面试中，一位招聘经理邀请我去咖啡馆而不是他的办公室。我以前从未接受过这类面试，但在我最终得到这份工作后，他告诉我说，他发现，在非传统的地方进行面试，是了解应聘者、掌握他们在不同环境中的表现的好方法。我仍然把这次经历当成面试，并且也把我的应聘者带到了咖啡馆进行面试。

下次你进行面试时，你可以先让应聘者到你的办公室来，然后带他们去某个地方，看看他们如何适应，同时了解他们在不那么正式的环境中会不会敞开胸襟和轻松自如。

商业挑战面试

与其进行一场需要提出一系列问题的传统面试，不如给你眼前的面试者提出一项真正的商业挑战。挑战内容可以是你和你的团队正在一同思考的事情，也可以是你们过去解决了的事情。这种方式可以让你了解应聘者在被聘用后可能会有的表现，也可能会帮助你的团队解决一个问题，不管你最终是否聘用这位应聘者。

运动追踪者公司（Fitbit）品牌营销副总裁梅勒妮·蔡斯（Melanie Chase）在招聘时就采用了这种方法。她说："我可能会要求应聘者就我们如何将新用户群纳入不同类别的客户追踪器发表看法，或者讨论我们在某个国际市场采用的方法。

应聘者想要如何表现，取决于他们自己和他们的风格。他们站到我面前，不仅能让我感受到他们解决问题的能力和创造力，也能让我意识到他们是如何沟通和回答棘手问题的。最优秀的应聘者是那些我从他们身上学到了新东西的人。我喜欢那些挑战我们的思维方式，引发有趣的讨论，或者展示出自己独特专长的人。给应聘者出难题，不在于一定要得到正确的答案，而在于弄清他们如何得到答案。"

拓展性面试

你如果真的想找到合适人选，那就需要投入时间。沃尔玛全球行为科学主管奥姆·玛尔瓦愿意花几小时来为一名应聘者面试，以测试他们的耐心并且试探他们的反应。玛尔瓦经常对应聘者进行超过 4 小时的面试直到晚餐结束，目的是评估他们坚持下去的能力。

玛尔瓦告诉我："我遇到过一个让我筋疲力尽的应聘者。在面试时，她一直坚持着，想出各种绝妙的点子，而且始终精力充沛，所以，我当场聘用了她。她是我招聘到的最出色的员工。"这名员工除了表现出惊人的毅力，其风格还与玛尔瓦的作风完全一致，所以很明显，这两人显然十分匹配。

第一轮面试

如果第一轮面试进行得不顺利，你不会要求应聘者再参加第二轮

价值激活

面试并与团队见面。应聘者和面试官之间良好的化学反应，是衡量工作关系是否有效的良好指标。

这意味着，你应当很好地把握你想从未来团队成员身上找到的性格特点和硬技能。而且，你还应当有一个很好（或者更好）的淘汰方法，以拒绝雇用、结束面试。

尽管把你想要在应聘者身上寻求的个性与技能、你不希望应聘者会有的性格特点等都写在清单上是个不错的主意，但是，听一听自己内心的声音也很重要。有太多的时候，我们在回顾招聘工作时便能清楚地发现，在招聘过程中，我们故意忽视了 1~2 个危险信号，因为其他的一切看起来都很好。

和新员工吃个午饭

入职可能听起来并不令人兴奋，但它对新员工的长期成功十分重要。在他们工作的最初几周之内，你可以为他们设定期望和目标。在这段时间，新员工有机会与他们将要在工作中交往的关键人物建立联系，并且了解你对他们的期望，以便将来脱颖而出。

在刚开始的几个星期，你对他们的职业发展投入的时间和精力越多，你之后获得的长期回报也会越大。更具体地讲，成功的入职培训项目可使员工留在公司的概率增加 25%，使其绩效提高 10% 以上。在员工工作的第一个星期内，他们希望获得在岗培训、了解公司政策、到公司各部门走一走，并且找到一位导师。

你可以让新员工跟着你,看看你每天都在做什么,并且花时间把他们介绍给你的团队成员和将来会经常与他们一同工作的人。但也不要太过头,太多的介绍可能让人不知所措。向他们讲授办公室礼仪,教会他们如何预订会议室,并且给他们一本《员工手册》。起初,要在那里指导他们,让他们在你的团队中感到舒服。最后,等到他们融入了你的组织时,他们会找到其他人来支持自己。

在入职过程中,不要向新员工灌输太多信息,否则他们不但记不住,而且会有压力。不要仅仅因为他们有过工作经验就认为他们能够立即投入工作。

在改进入职体验时,可将高科技设备作为一种提高效率的方式,但不要依赖它来让员工沉浸在你的文化中。例如,提供便于移动设备使用的手册而不是硬拷贝(打印版资料)、运用人工智能来回答标准的新员工问题、开展虚拟培训,以及提供员工花名册使他们熟悉公司的组织架构等。

虽然高科技是有益的,但什么也代替不了人与人的交流,尤其是在新员工入职时。你应该见见新员工,把他们介绍给他们的同事,和他们一起吃午饭,给他们提供指导支持。每天都和他们交流一下,确保他们在接下来的几个月里拥有成为高效员工所需的一切。

最后不要用太多的会议将他们的日程表排满,敦促他们给自己留出足够时间,来学习适应新的角色以及了解他们的同事(见表7.4)。

价值激活

表 7.4　与新入职员工相处的方式

入职清单	
☐	收集所需的新员工报到数据。
☐	为新员工提供《员工手册》。
☐	向他们介绍你的团队使用的软件和设备。
☐	让他们熟悉你的办公设备。
☐	允许他们跟随你。
☐	安排每周一次的会议，使他们保持同步成长。
☐	对他们进行培训。
☐	召开全体会议，介绍他们。
☐	表达你的期望与目标。
☐	询问他们的职业生涯目标是什么。
☐	允许他们评估你的入职流程。

价值笔记
Back to Human

快速筛选应聘者和了解新员工

在招聘时提出正确的问题。

寻找 5 个关键的性格特征,有助于确保你找到适合你公司文化和能够长期保持绩效优异的员工。硬技能固然重要,但真正能让团队团结起来、使人们更加高效合作的是性格。

在办公室之外的不同场合对应聘者进行面试。

你会看到他们表现出怎样的行为,而且可以从更加个人的层面上深入了解他们。如果他们不合格,没有合适的技能,不要对他们进行面试。在面对面的面试中,你真正评估的是"合适",即你和你的团队是否能与应聘者融洽相处。

花些必要的时间在新员工的入职上。

帮助他们产生归属感,让他们觉得,你对他们的职业生涯投入了全部精力,并且希望他们成功。员工的成功很大程度上取决于他们最初是如何融入团队的。把他们介绍给他们的同事以及他们将在工作中交往的公司关键人物,让他们跟着你,以使他们知道,从你的视角观察,他们的工作是什么样的。

第8章 着力留住优秀员工

> 投入时间和精力，不仅仅为建立关系，而且为最好地维持、持续和发展现有关系。
>
> ——汤姆·拉思（Tom Rath）
>
> 盖洛普公司全球咨询业务负责人

现今，有超过四分之三的全职员工要么正在积极寻找新工作，要么乐于接受新机会。与此同时，却有近一半的公司无法填补其空缺的工作岗位。因此，我们都处于一种我称之为"不间断找工作"的状态，在这种情况下，当今的员工只需点击几下鼠标，就可以在下一次面试的队伍中排好队，即使他们坐在离你只有20英尺远的办公室里。

由于替换团队成员的代价高昂，而且有损工作效率，所以，留住顶级员工的最有效方法就是支持他们，调动他们的积极性，让他们产生良好的工作体验。尽管只有4%的员工会在一年内离开当前工作的公司，但是也有三分之一的人心不在焉，并且做好了跳槽的准备。

我们在一个以大量的协作技术为标志的职场中工作，这些技术旨在提高员工全身心投入工作的程度、工作效率和最终成果。不过，十多年来，我一直在研究职场趋势和员工行为，因而注意到职场上确实存在员工缺乏全身心投入的危机。

我不是唯一的发现者，盖洛普公司的数据显示，约有三分之二的员工在工作中缺乏投入。其中的部分原因在于，所有那些本该将我们与团队成员联系在一起的东西，最终往往却让我们感到更孤独。而另一部分原因则在于远程工作的增多，尽管这种工作的初衷是好的，但它催生了一种社交隔绝文化。而在社交隔绝之中，密切的个人关系和企业文化都会受到影响。

现今，近三分之一的公司都允许远程办公，因而，管理自由职业者或远程员工已成为所有领导者的一大挑战。当我们问员工，如果他们不在办公室工作会损失什么时，三分之一的人说会失去和同事交流的机会。曾经从事远程工作或者与远程工作员工共过事的人都知道，如果经常看不到远程员工的身影，听不到他们的声音，就很难和他们保持联系。对我来说也是这样。尽管我在家里工作的效率很高，但经常会感到孤独和与团队隔绝。

对我和其他大多数从事远程工作的人来说，通过短信和电子邮件来与他人联系，都是远远不够的。如果我每年不和同事至少面对面交流1次，就无法做到与公司"同呼吸，共命运"，就会觉得公司的未来跟自己关系不大了。看不到同事的身影，听不到他们的声音，我就不会觉得自己是公司的一员——尽管我还是公司的合伙人！

价值激活

维珍脉搏公司和未来职场公司在研究中发现了一些关于远程工作对员工全身心投入的影响程度的有趣数据。例如，在经常或长期从事远程工作的人当中，只有5%的人说，他们预计自己的整个职业生涯都会在当前的公司中度过。相比之下，在很少或从来没有进行过远程工作的人中，几乎有三分之一的人会说他们将来不会跳槽。

雅虎为什么废除远程工作制度

对领导者来说，管理远程员工可能极具挑战性，这是因为，一方面，除非你亲口询问在家工作的员工，否则你永远无法确定他们到底在家里做些什么。另一方面，即使你和并非同属一个团队的其他人合作，你也会觉得，自己和他／她已经同属一个团队了。如果你对远程员工的情况不闻不问，他们可能会觉得你不关心他们，或者认为他们在你心目中并不是很重要。

许多公司都已经看到，员工缺乏投入会损害企业文化，并且在某些情况下还会导致财务业绩不佳。因此，他们纷纷开始进行反思。2013年，雅虎（Yahoo!）、百思买和惠普（HP）都废除了远程工作制度。最近，霍尼韦尔、红迪网（Reddit）和IBM也陆续效仿。这些公司曾是远程工作的最大支持者之一，但此后为了重建自己的文化，提高员工的全身心投入程度，让所有人都步调一致地聚焦于同一个目标，他们不再执行远程工作制度（见表8.1）。

表8.1　各公司取消远程办公制度的原因

霍尼韦尔	"员工进入办公室工作，会促进团队合作，推动团队成员互相分享想法。此外，这样还能帮助同事更快地做出决定，并使其在应对全球市场变化时变得灵活。"
雅虎	"成为一名雅虎员工，你不仅要做好你的日常工作，还要参与我们公司办公室独有的互动和体验。"
惠普	"我们现在需要建立一种更强的亲身参与和协作的文化，到办公室工作的员工越多，公司就会越好。"
红迪网	"虽然远程工作对某些员工来说是好事，但从宏观角度来看，我们公司无法利用远程工作有效地进行合作与协调。"

霍尼韦尔公司的高级主管凯·埃利希说："几个月前，我们公司取消了远程工作制度，作为一名管理人员，我在向一些长期从事远程工作的员工解释这件事时，感到既失望又无奈。"

他补充道："但是，作为一名渴望与他人交流的领导者，这是我们做过的最伟大事情之一。人们现在都待在办公室里。曾经令人痛苦的电话会议，如今变成了合作式的、大家一起围坐在白板前商讨的会议。员工和我之间很少再发电子邮件，他们会离开自己的座位，走到我的办公室。这是一件美妙的事情，不仅提高了工作效率，而且使团队更紧密地团结在了一起。"

我明白凯·埃利希的观点，但对我来说，禁止远程工作是一个极端的解决方案——和要求所有人都从事远程工作的公司一样极端。我

价值激活

们需要的是两者的结合：管理者要考虑到每个人独特的偏好、优先级和需求。

"被看见"和"被听见"一样重要

远程员工并不是唯一感到与团队成员隔绝或疏离开来的人群。在过去 10 年中，工作场所已经从大型商业办公大楼的团队集合体演变成了更小的团队，在这些团队中，个人单独执行更分散的项目，最终才整合成整个团队完成的大项目。因此，即使是必须到办公室工作的员工，也可能经常独自在他们的办公桌前工作，顾不上吃午饭，也几乎不与他人接触，就和在家里工作一样，也许他们能够听到的唯一声音就是窗外汽车驶过的声音或者狗叫声了。

不论你的团队规模大小如何，怎样运转，归属什么部门，或者在什么地点工作，你的团队中都至少有一名成员可能感到孤立、隔绝和孤独，需要与别人更多地接触。

员工是否全身心投入工作，对公司各方面都有影响，从让客户满意、加强合作伙伴关系，到招募新的同事。如果缺乏这种投入，就可能极大地妨碍工作效率的提升，并可能延缓公司的成长。积极投入工作的员工缺勤率降低了 41%，效率提高了 17%，流出率也比不那么投入工作的员工低了 24%。合益咨询公司（The Hay Group）发现，员工高度投入工作的公司，其收入是员工不太投入的公司的 2.5 倍。

作为领导者，你肯定希望你的下属员工在情感上认同团队和组织的目标。当员工投入工作时，他们会在工作和人际关系上花费更多时间和精力。他们在工作中会有目的感，并把必要的热情、激情和精力带到日常活动中。韬睿咨询公司（Towers Perrin）发现，高度投入的员工中有84%的人感到自己可以对公司产品和服务的质量产生积极影响，而缺乏投入的员工中只有31%的人才有这种感觉。

被看见和被听见一样重要。与他人面对面交流，更能让人们产生心理上的吸引力，让你感觉你与对方的联系更紧密。一项针对专业办公室工作人员的研究调查了被动的面对面交流时间（无论是在正常工作时间还是在非工作时间）对人们在工作中的看法有何影响。结果，事实证明，在被动的面对面交流时间里，观察者会以为员工要么是可靠的，要么是全身心投入的，而观察者本人完全没有意识到他们做出了这样的判断。

领导者在办公室里露面，除了能让员工感觉更可靠、更忠诚之外，还会显得更平易近人、更有同情心。惠而浦公司全球烹饪领袖项目的厨宝全球品类负责人迈克·马克斯韦尔总是在办公室里四处走动，他相信"被员工看到"具有强大的力量。

他说："早晨到办公室后，我会起身去看一看我的团队，和员工一起检查工作。通过谈谈工作，或是聊聊与工作无关的话题来与员工更近接触。这个过程帮助我变得更加平易近人，而我也借此掌握了一些我需要知道的重要事情。面对面的交流有着重大的意义。"马克斯韦尔的团队也感谢他的这种努力和关注，因为这给了他们反思、敞开心胸和相互联系的时间。

价值激活

如果你长期不到办公室现身,不仅影响团队的忠诚度,也会影响你自己的职业前景。假如人们长期看不到你的身影,那你在开展新项目、晋升,甚至是获得奖金的问题上都不会被优先考虑了。到办公室工作的人将赢得更多的关注,而且被认为工作更努力,因为他们的努力可以被其他人直接看到。同时,从事远程工作的人,即使是团队中广受欢迎的员工,也经常会被人忽视。如通用电气前 CEO 杰克·韦尔奇(Jack Welch)曾经说过的那样:"企业很少提拔那些没有得到一致认可和衡量的人担任领导职务。"到公司上班,相当于向他人传递了一个强烈的信息:你对公司忠心耿耿,想要领导公司。这有助于你的员工理解到办公室办公的重要性以及随之而来的巨大好处。

如果你想和你的团队成员建立信任,你需要成功地使他们投入工作——最好的办法便是到场。正如《高能量姿势》(*Presence*)一书的作者艾米·卡迪(Amy Cuddy)曾告诉我的那样:"在场,能让你和员工之间建立起信任,因为你在场就好比在和员工说:'我在这里,我关心你,我在听着,而且我告诉你们要做的事情不仅仅是基于我个人的观点,还是基于我从你们那里看到和听到的。'"如果你把高科技作为和团队成员交流的工具,就不可能达到同样水平的互动(或信任)。

在实践中面对面接触的力量

脸书的 CEO 马克·扎克伯格(Mark Zuckerberg)和首席运营官(COO)谢丽尔·桑德伯格组成了美国社会中最杰出的权力团队之一。他们共同努力做出的决定,影响了数十亿人。尽管他们俩领导着鼓励虚拟互动的脸书，却依靠利用面对面的会谈来成为高效的领导者，打造高效的团队。

他们两人每隔两周就举行一次会谈，在会谈中他们除了反思公司新的发展之外，就没有别的固定议程了。扎克伯格说，这些会谈是"我们分享和反馈信息，推动事情向前发展的真正关键方式"。在桑德伯格看来，这种交流很重要："因为我们总是知道，我们会把事情谈清楚，会达成一致。"这两个人原本都可以借助脸书群组或通过信息服务技术来进行这些对话，但是，定期见面交谈这种常规的人际互动更有助于强化他们的关系，使他们更高效。

做啦啦队长而不是独裁者

在过去的几代人当中，领导者往往是专制的，他们会花大量时间来指挥和控制员工行为，因为他们信奉使工作任务得以完成的规则、实践和规章。如今，在各行各业，像这种专制的领导者依然存在，你自己也可能是其中之一。

以美国全国广播公司《周六夜现场》（*Saturday Night Live*）的制片人洛恩·迈克尔斯（Lorne Michaels）为例。自1975年以来，迈克尔斯制作了电视史上播出时间最长、最具娱乐性的节目之一。作为一位专制的领导者，他要求每一名演职人员都要做到最好，并且亲自对每一个故事梗概和场景进行最终的审核和批准。

由于这种强硬有力的领导风格,迈克尔斯帮助许多人塑造了极其成功的喜剧生涯。迈克尔斯曾经说过:"对我来说,没有边界就没有创造力。"这些边界使得他的作家和演职团队迸发出了惊人的创造力。

史蒂夫·乔布斯(Steve Jobs)也有着类似的领导风格,他创建了世界最大的公司之一,但对员工常常很苛刻,如果员工说了他不喜欢的话,他会毫不犹豫地在公开场合让员工难堪。他的领导风格毫不动摇,但员工对他非常忠诚,因为他能在员工身上看到他们自己看不到的东西。虽然乔布斯和迈克尔斯都非常成功,但我认为,他们在当今时代以这种强硬风格去领导他人,会比从前困难得多,因为现在的组织更加扁平化、更具协作性、更重视社交、更少以规则为导向,而且允许更大程度的信息自由流动。

今天的变革型领导者能够适应变化和新的环境,他们会让自己的团队也具备这种适应能力,这样一来,团队成员就能信心十足地克服新的障碍。变革型领导者会创造一个愿景,激励麾下的团队成员坚持不懈。他们鼓舞别人展现最好的一面,同时促进合作,他们甘愿充当啦啦队长而不做独裁者。

作为变革型领导者,你必须愿意做出必要的牺牲,并支持你的团队解决各种意想不到的挑战。你必须表达出你的观点、在团队成员之间建立信任、和他们一起投入并且对他们有着强烈的同理心。而且,你还必须创造一种为成功喝彩的文化。我们采访过数百名年轻的员工,超过60%的人认为他们的领导者就应该是这样的。

互相冲突的两种领导风格

年长的领导者：我们制定了一个流程，这里的每位员工都得遵循，而且，每个项目都需要由副总裁或更高级别的领导者签署。如果你提出了新的创意，未经允许不能擅自去实施。我必须确保它符合我们的指导方针，也得保证你的方法是有效的。

年轻的领导者：我们制定了一个流程，但它是灵活的，我鼓励你们分享新的创意和方法，以完成这项任务。虽然我们有基本的指导方针，但我认为，重要的是以最有效的方式合作，并且努力实现我们的目标。

要创造一种使员工积极投入的文化，有一部分依赖于授权和信任员工，让他们按照自己的方式完成任务。如果你总是事无巨细地管理员工，在他们的同事面前羞辱他们，而且从不让他们放手去做，那他们会感到沮丧和不满，并且很快就会离开公司，前往某个能赏识和培养他们的地方工作。有时候，最好的领导风格就是放手。

在《纽约时报》一篇颇有见地的采访中，记者请领英CEO杰夫·韦纳（Jeff Weiner）谈谈他对领导的定义。杰夫的回答恰与变革型领导相呼应。他说："简单地讲，领导就是鼓舞他人实现共同目标的能力。"接着他谈到，共同的愿景可以让领导者和团队清楚地知道应该把企业和产品带到什么方向去。韦纳并不是一位年轻的员工，他曾在领英和雅虎两家著名的科技公司担任高管，积累了丰富的经验和见解。

我和Dropbox云存储公司的年轻CEO兼联合创始人德鲁·休斯

价值激活

顿（Drew Houston）交谈时，他说："如果你能取得成果，但不善于团队合作，那么在这里你很难取得成功。"休斯顿还告诉我，他的公司有一位变革型领导者，名叫吉多·范·罗苏姆（Guido van Rossum），是流行编程语言 Python 的创始人。罗苏姆经常让实习生过来告诉他为什么他们认为 Python 不如其他编程语言。他愿意和他们展开一场成熟的辩论。罗苏姆是一位真正的变革型领导者，因为他没有拘泥于自己的个人方式，他欢迎反馈，即使那些反馈不是他想听到的。

几年前，我采访了推特的三位创始人之一的比兹·斯通（Biz Stone），询问他什么决定和影响了他的职业规划。我问他，推特的另外两位联合创始人的领导能力如何，他们三个人的关系怎样，要知道，推特发展成今天的社交媒体巨头，正是这三个人共同促成的。斯通说："杰克·多尔西（Jack Dorsey）和埃文·威廉姆斯（Evan Williams）都在以各种方式帮助我成长为更出色的人。杰克极力支持我现在的创业。埃文使我有了更大的耐心。"

即使是成功的企业家，也需要一个支持系统，并且必须相互利用彼此的优势。变革型领导者能为下一代公司提供动力，并使工作环境对每个人都更加有利。

不要忽视员工的幸福感

通过无数的研究和与不同行业领导者的交谈，我归结出了推动员工积极投入的四个因素：幸福感、归属感、目标感和信任感。

作为领导者，如果你能培养这些因素，便可大大提高团队成员保持高效、富有成就感且致力于实现目标的可能性。当你为合适的工作岗位聘请了合适的员工，并且赋予他们所需的资源与情感支持时，他们就会成功。我们更详细地看看这些因素。

传播更多幸福感

无论你的行业或公司规模如何，都不能忽视员工的幸福感。幸福的员工更有可能把新的应聘者介绍给你、在网上夸赞你、更努力地工作，甚至在你最困难的时候也不离不弃。

我的朋友肖恩·埃科尔（Shawn Achor）是《发现你的积极优势》（*The Happiness Advantage*）一书的作者，他发现，总体来说，幸福的员工比普通员工的工作效率高出31%、销售额高出37%，创造力也高出3倍。我知道这听起来有点老生常谈，但当你的某位员工非常快乐时，这种情绪的确会在团队和组织中蔓延开来。

如何让员工感到幸福

1. 认真地和员工谈一谈工作与生活的平衡，让员工知道，你不仅仅关心他们的工作绩效，还关心他们的个人生活。

2. 随时随地表达你的善意，比如，除了周五，选择某个工作日为所有人预订一份午餐，以此表示你对他们的关心。

3. 花时间和员工并肩战斗，更好地了解他们，问问自己怎样才能为他们创造更好的工作体验。

价值激活

营造归属感

作为人类，我们天生有一种获得他人接受的需求，而在工作场所，"他人"便是指我们的团队成员。我在成长过程中从来都不合群，很难交到朋友。由于缺乏归属感，没有亲密的朋友，所以我总是郁郁寡欢。在大学里，我加入了一个大学生联谊会，这给了我一种即时的情谊和接纳感。此后我就不必担心我的社交生活了，因为在联谊会的伙伴们接受我之后，我的社交生活就已经建立了。这帮助我把更多的时间和精力集中在了实习和课程上，显而易见，结果当然是十分积极的。

在工作场所，你的员工需要团队归属感，这也是为什么那么多的领导者首先聘用与企业文化契合的员工的原因。领导者都想要入职第一天就能适应的人。当员工有了归属感时，他们的戒备心就会降低，绩效就会提高。在工作中，归属感经常被忽视，因为我们太专注于自己的目标，没有足够关注周围人的感受。

为营造一种归属感，每天你都要让你的员工觉得他们是团队的一分子。这能帮助实现他们的愿望，支持他们的幸福感，让他们感到被尊重。加州大学洛杉矶分校（UCLA）的教授开展的一项研究发现，如果归属感遭遇威胁，会导致人体出现一种类似于身体疼痛的体验。而且那只是开始。缺乏归属感或缺乏认同感还会导致抑郁，会降低员工解决问题的能力和工作效率。

威瑞森公司的客户体验经理吉尔·扎卡尔祖夫斯基说道："**对我的团队员工来说，在办公室之外的互动，才是促使他们积极投入和能将他们留在公司最重要的因素**。我们的密切关系是在欢乐时光、团队烧烤、乒乓球桌上建立起来的，而不是通过电子邮件建立的。我们在办公室之外建立了真正的关系，在办公室内就能很快地互相支持。"

营造更强归属感的秘诀

1. 将社交活动排上日程安排，与团队共进午餐，创造让人们觉得可以安全分享个人生活情况的环境，以促进归属感。

2. 举行更多团队整体会谈，这样一来，所有人都能感觉到他们的声音有人在听，他们的需求在被满足。

3. 当你看到某位团队成员没有得到表扬或者没有参与团队活动时，要努力去接触他，让他感到自己是受欢迎的。

将目标与工作联系起来

当你有了目标时，你就会觉得自己很重要，会知道自己该朝什么方向前进。我逐渐意识到，我的人生目标是帮助我们这一代人经历从学生成长为CEO的整个职业生涯周期。经过多年的写作、与公司合作以及对年轻专业人士的指导之后，我的目标才变得清晰起来。

现在，每当我做出一个关乎事业或人生的决定时，都会考虑它是否与我的目标一致。如果没有，我便不再加以理会。这使得我集中了精力，避免了把时间浪费在那些无助于我支持同龄人成功的活动上。我知道这是我的目标，因为我生命中的大多数决定都指引着我去实现它，而且每每想到有可能实现目标，我就兴奋不已。

我曾与提出"五力分析模型"（Porter's Five Forces）框架著称的

哈佛商学院教授"竞争战略之父"迈克尔·波特（Michael Porter）交谈过，我们谈论的是我们这一代人对劳动力的影响。他坦承，如今的年轻员工比上一代更多地意识到了社会面临的诸多挑战，也不太愿意将股东价值最大化作为自己工作的满足目标。他们在寻找更广泛的社会目标，并希望在具备这样一个目标的地方工作。

《无限的游戏》（The Infinite Game）一书的作者西蒙·斯涅克或许是有目标感的工作的最重要倡导者。他向我解释："伟大的、鼓舞人心的领导者和组织，无论公司大小或是何行业，全都知道他们为什么要做他们所做的事情。正是这种清晰的感觉，激励着他们和他们身边的人。这是驱动忠诚的因素，也是一再驱动着他们取得成功的动力。"目标始终非常重要，却往往被前几代人忽视。现在，它是职业生涯的标志之一，也是决定一个人是否能留在公司的关键因素之一。

营造目标感的秘诀

1. 邀请一位曾受团队工作影响的客户来公司，使你的员工能听到并看到他们的努力带来的影响。

2. 不要只是分配工作任务，而要确保团队成员知道他们为什么要这么做，以及这么做将怎样支持你的组织、你的客户，甚至有益于整个世界。

3. 让员工分享他们的成就和每天上班时的目标感。这将有助于确定团队共同目的和目标。

建立和维护信赖感

无论是工作关系还是私人关系，信赖感都是关系良好的标志。当下属员工信任你时，他们就会告诉你一些你可能不想听但确实需要听的事情。他们会对你更多地敞开胸怀，给予反馈，并且能在没有压力的情况下表达自己的意见，而不会觉得自己可能挨批评或者出丑。

加州克莱蒙特研究生大学（Claremont Graduate University）的研究人员保罗·扎克（Paul Zak）发现，公民之间高度信任的国家在经济发展上更为成功。在一个实验中，他监测了实验对象的催产素水平。催产素在社会联系中发挥着作用，能调节社会互动。扎克发现，当人们感到被信任时，大脑会产生催产素，而且越是被信任，产生的催产素就越多。此外，那些觉得被信任的人反过来也更信任别人。

信任度较高公司的员工在工作场所的压力降低了74%，精力增加了106%，工作效率提高了50%，病假申请量减少了13%，工作投入度提高了76%，对生活的满意度提高了29%，耗尽精力的可能性降低了40%。如果没有信任，员工会觉得他们的问题不可能会引起你的关注，也会认为不能依靠别人来帮助他们完成任务。到最后，那些不信任他人或不值得信任的员工，不会在你的团队中长久待下去。

当你时刻都依赖手机与他人交往而不与人面对面交谈时，就很难建立起我所说的那种信任关系。虽然短信、即时消息和电子邮件严格说来也是交流的形式，但它们在建立牢固的关系方面用处不大。当人们站在你面前和你交谈时，你也就越容易信任他们。

美国空军野外训练主任乔·劳伦斯（Joe Lawrence）说："信任是

价值激活

我的首要任务。我的'信任公式'是看得见的、令人感兴趣的、引人参与其中的。我会特意到受训军人的教室里去上 1 小时的课。如果我有问题或者希望他们给予反馈,我就会去他们的办公室。我尽自己的努力让他们知道,我珍惜他们的时间,就像珍惜自己的时间一样。接下来我会反思,我可以帮助他们消除哪些妨碍他们成功的障碍,或者可以给他们提供一些什么资源,使他们的生活更轻松。"

赢得员工信任的秘诀

1. 对你的团队要信息透明,让他们知道你真正想要的是什么,并尽量少说"官话"。

2. 承认自己的错误。这会让你看起来更有人情味、更值得信赖,也会让别人更容易承认自己的错误。

3. 遵守诺言,让人们知道他们可以永远信赖你。

职场孤独使员工难以投入

作为一名企业家,我最大的恐惧之一是感到隔绝和孤独。无论你是在家工作还是独自负责一个项目,即使你是团队或组织的一员,也容易感到孤独。如果你在职业生涯中曾经有过这种感觉,你就会知道,唯一的解决办法是和同事们齐心协力地帮助别人或者寻求帮助。

这其中的关键是重新设计任务和流程,使得你可以定期与同事进行更多的互动。试试让两个人参与一个项目,不要让所有的人都单打独斗。这有时候可能会减缓项目进度,但对员工的精神和情绪健康都有好处。

硅谷的许多公司都强烈鼓励员工到办公室办公,并且居住在办公室附近。他们发现,团队成员之间更频繁的互动,可以创造新的关系,催生新的创意,并且有助于更好地解决问题。在维珍脉搏公司的研究中,60%的受访者表示,如果在工作中有更多的朋友,他们会更愿意留在现在的公司。对于年轻员工来说尤其如此,这个比例的情况是:Z世代为74%,千禧世代为69%。

一切的确都归结于面对面的交流。在那些觉得自己没有足够时间与团队成员见面的员工中,有48%的人说他们不能专心投入,有78%的人说他们经常或总是感到孤独。此外,那些觉得有更多时间与同事面对面交流的人,会减少他们收发电子邮件的时间,加强在岗学习,提升信心,改进工作效率,改善与同事的关系,使自己更加致力于实现组织的目标,也让自己有更好的机会获得晋升。

激励员工投入到工作之中,不是一件一周或一年才应该做一次的事情。它要求你与你下属的团队成员每天都进行互动。多年来,我研究了员工们最希望,也最能够同时激发他们最好地完成工作任务的接触方式。结果发现,这些最佳方式几乎都与高科技无关。这里介绍优秀领导者用来激励员工投入工作中的8种做法。

1. 倾听团队成员的呼声,重视他们的意见,创造尊重他人的文化。你的员工想直接和你分享他们的想法,而不是经过十层管理人员的层层传达。行动比语言更有力,如果他们知道你在听他们说话,而且知

211

道你真的会采取行动，就会认真对待你，并继续与你分享。当员工感到被忽视时，他们会认为分享自己的想法是浪费时间和精力。

2. 给员工有意义的项目。员工希望他们做的项目能够对团队、组织、客户和外部世界产生影响。没有人想做不需要动脑筋的、毫无意义的项目。他们希望看到自己的任务是如何为更加宏伟的项目和计划添砖加瓦的，也希望看到自己产生的影响。

作为领导者，你最大的挑战之一就是向你的下属员工讲述一个引人入胜的故事，让他们充分了解自己的日常任务将如何融入更大的愿景。不管你是否愿意承认，对于让员工主动投入，如果你不能让他们觉得很重要，那么，哪怕是给他们一份两周就能领一次的薪水，也无助于提高他们的积极性；人们想要觉得自己很重要。

为了将正确的项目分配给正确的团队成员，你要聘请合适的员工并且为员工设置期望，使他们知道他们负责的是什么，并且给予他们适当的工具和鼎力的支持，使他们获得成功。

3. 指导员工，给予反馈，让他们事业繁荣。不幸的是，"导师"这个词被滥用和误解了。例如，有些人认为，你向谁学习，谁就是你的导师；另一些人则坚持认为，你的职业生涯中只有一位导师。事实上，指导是将两个人进行配对，以创造相互支持的关系，实现共同成功。

虽然很多人认为只有学习者才能从这种关系中获得回报，但要想让这种指导关系获得成功，双方都得从中受益。当你真正投入到下属员工的成长上时，成功的指导就会发生，你会留出时间来帮助那些有困难、有问题的人，或者需要指导的人。

4. 示范性地公开公司信息，使员工能够全面了解公司情况，让所有人步调一致。每周召开一次会议，让你的下属团队了解最新的公司新闻，并且既确认成功又承认失败，这样，他们就能确切地知道发生了什么，也准确了解他们的当前工作在整个公司中所占的分量。通过确认成功和承认失败，你的团队可以找到从挫折中东山再起的方法，同时也能分享巨大胜利的荣耀，变得与时俱进。

5. 训练员工，不要只是指导他们。在训练的时候，提供可操作的反馈和建议，从你的经验中挑选具体的例子，让他们彻底明白自己该做什么。你和员工都应该记笔记，以便根据双方共同设定的目标和期望来追踪进展情况。

米歇尔·奥德兰德（Michelle Odland）是通用磨坊（General Mills）的老埃尔帕索 & 托蒂诺品牌（Old El Paso & Totino's）的业务部门主管，她每月或每季度都会对员工进行培训，因为这不仅有助于员工提升能力，还能帮助她更好地完成工作。她说："真正的学习其实是传授知识，所以，要对每名员工解释和讨论不同的发展概念，这可以帮助我更深刻地领会和理解这些概念。"

对米歇尔来说，训练的过程是双向的，而双向的对话强化了她对团队成员价值观的理解，也让这些成员完全明白该做什么并给予她批判性的反馈。在训练过程中，她还向他们重申，他们的声音和观点很重要。这种训练风格让双方都参与了进来，使得他们相互在对方身上投入精力和时间，从而促进了双方能力的提升。

如何训练员工

1. 让员工知道，你希望他们对自己的行为负责，但还要让他们表明，你对他们完成任务的能力很有信心。这样的话，他们便会觉得你信任他们解决问题的能力，对他们的表现感兴趣。

2. 指出员工的弱点或他们的绩效问题，使他们反思自己犯的错误或可能缺乏的技能。把注意力集中在需要他们改进的问题或纠正的行为上，给他们列举具体的例子，告诉他们什么时候可以更好地采取行动或完成工作。虽然我们想要帮助他们做得更好，但不要吝于承认，他们一开始就做得很好。当人们先受到称赞时，才更有可能接受批评。

3. 与员工合作，以协作的方式解决问题，让他们觉得自己是解决方案的一部分，而不仅仅是问题的一部分。这样做的目的是确保错误不再发生，并且明确表明，你每天都致力于帮助员工进步，而不仅仅是在这个特定的时间才帮助他们。

4. 让员工一致同意问题的存在。有的时候，员工根本不知道有问题存在，他们需要获得训练，以帮助他们发现问题。

5. 最后，使员工下定决心，致力于采用大家都一致同意的解决方案来解决问题。通过共同努力制定解决方案，你将慢慢帮助他们提高技能，使他们将来能够提出属于自己的解决方案。

6. 永远和你的员工一条心。你的团队成员和其他人会发生争论。

这时你必须让你的团队成员知道，你和他们是一条心的，你会鼎力支持他们。假设你的某位员工在某个跨部门的团队工作时没有得到公平的对待，如果他们不能自己处理这种情况，你就得介入并解决问题。你保护员工，员工就会更投入，对你更忠诚。

7. 为员工提供成长和发展的机会。设身处地地为员工着想，绝不会是件太难的事情，因为就在几年前，你自己也是一名员工。正如你在职业生涯早期所渴望的那样，员工们都想拓展他们的技能并在组织中获得晋升。如果你没有找到新的办法使他们晋升或进步，或者没有用新的任务来对他们发起挑战，那他们会变得厌倦，毫无积极性。

你应该和他们坐下来探讨他们的个人职业规划，以便根据他们的需求、渴望、优势和能力，为他们寻找最适合的机会和挑战。如果你无法在自己的团队中为他们找到新的合适的挑战，那你可能需要帮助他们在另一个团队中找到新的角色。

8. 为团队成员的成就庆祝，让他们对自己的工作感觉良好，并成为庆祝某件特别事情的一分子。当某位员工在一次演讲中非常出彩，或是获得了晋升，又或者过生日、生孩子时，一定要对那名员工及其所在的团队说点什么。这表明这个人十分重要，这也能表示你在个人层面上也很关心他。

这样做是在创造一种快乐和表扬的文化，当其他人也做了一件漂亮的事情或者他们的某个特别的时刻也到来了时，这位团队成员也会为他们庆祝。

虽然你可以通过发短信或发电子邮件向员工表示祝贺，但还是要

价值激活

有人情味,并且要进行真正的交谈。你在面对面的交流中流露出的真实情感,比任何数码产品都要强大得多。

如何让远程员工积极投入

随着越来越多的员工选择灵活的工作安排,你很可能现在就管理着一名或几名远程员工,或者在不远的将来你便会管理到。尽管有些人可能认为,管理一个他们很少见到的人会很容易,但这实际上需要许多技巧。协作技术对于保持与远程员工的联系十分有益,但你有责任通过电话、面对面交谈或者视频会议与他们建立更私人的关系。

当远程团队对工作缺乏投入时,几乎都是经理方面出现了问题。在一项研究中,由于经理管理不善,多达四分之一的虚拟团队的员工效率低下。然而,高效的团队拥有的经理一般都负责任、受激励、有目标、重过程,当然还重视人际关系。最成功团队的经理与他们的员工始终如一地保持着开放的沟通渠道,他们一定会确保让这些员工知道组织中发生了什么并且拥有成功必需的工具。

远程员工面临着一些独特的挑战。首先,他们更容易感到孤立、孤独和沮丧,因为他们比其他员工接触的人更少。其次,他们周围有很多潜在的干扰因素,比如咖啡店里嘈杂的人声,或者他们的孩子在家里玩电子游戏的声音。再者,尽管他们从事远程工作的目的是为了获得更大的灵活性,但他们常常到最后会忘记时间,夜以继日地工作。在办公室时,员工会有一个更加确定的工作时间,因为他们能看到人们每天在同一时间从办公室进进出出。

你不可能克服所有这些挑战,但可以通过定期关注远程员工来帮助他们。只要能确保你的目标和远程办公制度清晰明确,以后就不会有任何问题了。向远程员工表明他们对整个团队的成功有多么重要,并要求定期掌握他们的最新情况,以便他们养成与你联系的习惯。一定不能只是依赖高科技的协作工具来和他们联系。相反,至少每周安排一次电话会议或视频会议,与他们保持情感联系,询问他们的项目是否有新的进展或者需要什么帮助,因为得不到迅速解决的问题会马上恶化,并立马成为更大的问题。

维珍脉搏公司的总裁兼首席医疗官拉吉夫·库玛说:"无论什么时候,只要与远程员工之间的沟通出现滞后,他们就会对公司内部发生的事情或者没有发生的事情以及各种谣言进行猜测,从而填补信息的空白,他们会因为感到自己与公司脱节而十分不安。"他补充道:"绝不能让远程员工感觉自己像生活在孤岛上一样,稳定的沟通至关重要。无论是在公司全体员工的大会上、网络研讨会上、电子邮件中、演示文稿中、企业健康状况的更新中,还是社交电子邮件中,都要尽量直接或间接地展示他们的成就。"

如果你想更进一步,可以考虑强制要求你下属的远程员工每年来办公室几次。虽然这看起来很残酷,但对每个人都有好处,因为额外的见面交谈会增进员工彼此的关系。冰激凌制造商班杰瑞(Ben & Jerry's)的首席快乐体验官安东尼奥·麦克布鲁姆(Antonio McBroom)告诉我,他要求远程员工"每季度都到他们的主要业务所在地出差，以增强团队的活力，对我们正在做的工作的重要性有更深的理解。"他还说："我们也会试着为远程员工提供各种机会，使他们在家庭办公室中提升能力或者从事工作任务以外的活动。"

给予远程员工权利，让他们获得足够的自主权和对分配项目的控制权。微观管理似乎是让他们持续投入工作的好方法，但许多人之所以进行远程办公，就是为了拥有独立完成项目的自由和机会。只要能够交出高质量的工作成果，那就允许他们灵活地按自己的方式做事吧。我知道这听起来有点违背直觉，但这能够使他们感到更加融入团队，并能鼓励到团队其他成员更多地与远程员工接触。

你知道，我创作这本书的目标就是推动你增进与你的下属团队成员之间的人际关系。但是，对高科技在促进交流和协作方面的强大作用视而不见，是一种荒谬的做法。当你的公司有员工从事远程工作时，只要你使用得当，高科技可能是一项重要的资产。如果你选择正确的工具，培训下属员工如何使用它们，然后在合作时充分利用这一工具，你会变得更为成功。

如果你是某个工具的使用提倡者，但你自己却没有使用它，那么你的下属团队最终也会不再使用这个工具。有些工具可以过滤我们每天收到的大量电子邮件，使我们能够更快更有效地与不同地方的人交流。尽量使用这些工具进行实时对话，并且为从事传统工作和远程工作的员工传达每周的员工会议精神。

最后，尽可能对从事传统工作的员工与远程员工一视同仁。很多领导者都喜欢挑选自己喜欢的人负责一些项目，这会让那些身处远程工作的员工觉得他们无法成功,或者不能获得足够的关注。正因为如此,对远程员工施予恩惠和关心,并且确保他们能实现个人和职业的目标而不仅仅是你为他们设定的团队目标,都是极其重要的。

领英公司学习和员工体验经理纳瓦尔·法库利(Nawal Fakhoury)非常认真地对待着这些方面。她告诉我:"管理远程团队与管理常规团队类似,需要更加重视建立信任、促进沟通和执行团队流程。"她的解决方案是什么呢?她介绍:"我花在远程员工身上的时间是花在身边团队成员身上的两倍。我定期举行一对一的交谈,在交谈中着重关注他们在办公室以外的生活情况,了解他们的工作环境,并且总是询问'我能做些什么来支持你',所有的交谈都是通过视频会议进行的,这样我就可以借助眼神交流和肢体语言来真正了解他们的工作情况。"

从事远程工作可以是一种福利、一种选择,或是一件某人无法控制的环境迫使他不得不做的事情。所以,花些时间去了解你的远程员工为什么会在那个岗位,并且尽你所能为他们创造积极的员工体验。同时,了解远程员工的沟通偏好也很重要。

脸书绩效管理部门负责人维韦克·拉瓦尔总是就远程工作问题向其他员工发问:"远程员工喜欢视频聊天吗?他们是那种喜欢非正式的电话交谈而不喜欢特定的会议或任务的人吗?我们能做些什么来让他们觉得自己是团队的一员?我能安排一次到他们所在地的参观,以表达我的承诺并和他们开展面对面交谈吗?"通过问问题与倾听答案,你将能为每个人的偏好选择出正确的沟通渠道。

价值笔记
Back to Human

保持优秀员工留存率的诀窍

成为团队成员的支持系统。

不要试图把制度强加给团队成员,而是授权他们去接受新的挑战。鼓励他们做最好的自己,支持他们的雄心壮志。

训练团队成员解决问题的能力。

以你自己的经验为指南,与他们共同研究解决方案,这样的话,他们会觉得你在倾听他们的声音,信任他们。

关注远程员工。

像对待从事传统工作的同事一样来对待从事远程工作的员工,这样他们就会觉得自己是受到重视的,这将对整个团队的成功都有帮助。

第9章 同理心：兼顾人的意义

> 善待你周围的人。团队成员都是你的家人，你花了很多时间和他们在一起，所以要尊重他们，确保在工作中营造一种积极的氛围。
>
> ——戴维·奥提兹（David Ortiz）
> 欧美史上十大最佳棒球运动员之一

我们生活在一个混乱的、充满压力的不可预知的世界里，每天都遭受着关于谋杀、贪婪、霸凌、恐怖主义、性骚扰、不良劳动习惯和违反道德的新闻和故事的轰炸。阅读或观看这些负面消息和令人不安的故事，通常都会让人对受害者产生同情。然而，如果你自己也是受害者时，就可能会体验到一种全然不同的、更强大的感觉：同理心。

听到"同理心"这个词的时候，许多人只是点点头，却没有完全理解它的意思，或把它和同情混为一谈了。这两个词有时可以互换使用，但它们的内涵完全不同。同情是一种对受害者感到悲伤或怜悯的感觉，而同理心是一种理解他人感受的能力，就好像他们是我们自己

价值激活

一样，在很多情况下，是因为我们有了同理心，才能理解别人的感受。

同理心是你与你的团队成员、家人和朋友建立长期成功关系的最重要因素。

高科技和媒体如何扼杀同理心

每一代人都比他们的父母拥有更多的高科技设备和信息。今天出生的孩子，可能在两岁时就知道虚拟现实是什么了，而我直到几年前才知道。我在大学时使用的手机几乎不能拍照；如今，我使用的手机可以拍摄高清视频并将其上传到云储存中了。

虽然我们可能认为科技进步很酷，但它们会影响我们产生同理心的能力，阻碍我们提升领导者必需的培育深厚关系的能力。产生同理心的这个过程始于青春期甚至更早。加州大学洛杉矶分校精神病学和衰老学教授加里·斯莫尔（Gary Small）博士说："数字世界改变了青少年的大脑，使他们更难辨别和分享快乐、悲伤或愤怒的感觉。"

麻省理工学院教授雪莉·特克尔（Sherry Turkle）解释说，高科技阻碍了我们学习如何产生同理心。她说："这并不是什么愚蠢的因果效应，不是说如果你发短信，同理心就会减弱，而是你没能练习那些使你产生同理心的事情。"特克尔还说，"当你面向别人道歉时，你会看到对方的肢体语言和溢满眼眶的眼泪，知道对方有多么难过。而对方则会从你的肢体语言和面部表情中看到你有真正的同情心，并且真的感到抱歉。"

发"对不起"这样的短信，根本不能产生任何情感联系。事实上，它可能到最后反而使事情变得更糟。我曾经遇到过一个和我约会的女孩，她在我即将面对成千上万的观众发表一次重要演讲的 1 小时前通过短信和我分手了，这使我感到万般空虚和困惑。她原本可以当面和我谈，或者至少打电话给我，但对她来说，发短信更容易。

更简单并不总是意味着更好，最起码并不是所有人都觉得越简单越好。当你以一种影响与他人之间关系的方式行事时，就会很难与他人建立起更深层的关系。

虽然我十几岁的时候智能手机还没有问世，但我是个电子游戏迷。不过我只擅长战斗和战略游戏。尽管我不愿承认，但是玩这些电子游戏，确实改变了我对这个世界的看法。我认为我擅长解决问题，但可能有点缺乏同理心，因为我已经习惯了看到如此多的暴力——至少在我玩的游戏中是这样。像我这样的人不计其数。

我并不是说我们永远都不应该关注我们的手机和其他高科技设备。毫无疑问，它们是必不可少的交流工具。但是，当高科技干扰了我们与他人的眼神交流、让我们忽视了非语言的暗示，并且损害了我们与他人交往的能力时，我们就遇到了真正的问题。

媒体也在推波助澜。当我们每天都看到世界各地的人死去时，就会产生所谓的"同情疲劳"，并习惯于一种"新常态"，这种"新常态"才是我们真正应该恐惧的。当每一分钟都有新的悲剧发生时，你很难产生同理心。

若是我们知道明天一定会有更糟的事情发生时，那我们今天该选择同情谁呢？我们很习惯不好的事情发生，因此忘记了与别人共鸣。不能与别人产生共鸣，就很难成为一位高效的领导者。

减少与他人交流的次数，也降低了我们产生同理心的能力，这很大程度上是因为我们正在丧失一种体验能力，即体验那些传统上将我们紧密联系在一起的情感的能力。每一次非正式的交谈、会见或者工作聚会，都是表达情感、展示脆弱和同情他人的机会。这些互动以及表达这些情感的机会可能会对我们的工作生活产生巨大影响。记住，同理心并不是指为正在经历重大危机的人感到难过，而是指那些使人们在工作中感到安全的日常和姿态。

耐克公司"讲述、创新和执行"团队中的丹尼·盖纳说道："高科技拓展了我们消化更多信息的能力，理应使我们产生更强烈的同理心。但在工作场合，它们却往往会削弱同理心。有太多时候，人们会躲在情感堡垒后面，通过措辞严厉的电子邮件传达一些艰难的消息，而不是怀着同理心面对面地提供反馈。同样，也有太多的时候，即使人们聚在一起，也在通过网络聊天或远程链接进行讨论，而不是面对面交谈。

在面对面的交谈中，人们可以将自己的激情和人性通通表达出来。我们需要认识到，包括肢体语言、眼神交流、语音语调在内的暗示，是沟通的基础。但高科技还提供不了这种沟通的替代品。所以，在可能的情况下，要和他人面对面交谈。"

公平地讲，高科技并不全是坏事。汤森路透集团人才与发展副总裁伊洛娜·尤尔凯维奇给我讲述了许多例子。她说："人们每天都在使用某种交友软件,这是一种非常深刻和强大的联系方式。有时候,人们会在 Tinder[①] 上聊几个星期,纯粹通过文字来培养深厚而有意义的关系。"她还回忆:"我十几岁的时候,和一个人有着很深的私交,完全通过电话、在线信息和书面信件进行交流。我们很多年没有见面了,但事实上通过这些非面对面的交流,我们的这种深厚友谊保持了近 18 年……

所以,如果我们能够通过在交友软件上发短信、邮寄信件等方式来建立对我们重要的关系,那为什么不能在工作中通过视频会议或电话做到这一点呢?我认为绝对可以,而且我经常看到这种情况发生。只是需要我们努力并且用心去达成。"说得很好,伊洛娜。但是,正如我们将在本章后面看到的那样,即使伊洛娜持这样的观点,也会认同面对面交流对于产生同理心的重要性。

我一生多次遭受霸凌,从中学时被人推到储物柜上,到 10 年前在个人博客上发表自己的观点后遭到网络霸凌。那时,我的同伴经常取笑我,这影响了我对人的信任,也影响了我今天与他人相处的方式。我们经历过失败、受伤、家人去世、骚扰、霸凌或者其他事情后,就能更好地理解他人的挫折和危机。

当悲剧发生在别人身上,你设身处地地为他们着想的时候,尽管真正理解他们的感受也许无法马上解决问题,但会让你们之间的关系更亲密。正如玛雅·安吉罗的一句名言:"人们会忘记你说过的话,

---

① Tinder 是国外的一款手机交友 App,作用是基于用户的地理位置,每天"推荐"一定距离内的四个对象,根据用户在脸书的共同好友数量、共同兴趣和关系网给出评分,得分最高的推荐对象优先展示。

忘记你做过的事，但永远不会忘记你给他们的感觉。"

不幸的是，接二连三的关于悲剧和苦难的新闻报道以及我们对高科技的痴迷，常常把我们和自己的同胞隔绝开来，所有这些累加起来，就削弱了我们对他人产生同理心的能力。

2006年，时任参议员的巴拉克·奥巴马（Barack Obama）在他著名的西北大学毕业生毕业典礼演讲中指出："我们生活在一种不鼓励同理心的文化中。这种文化经常告诉我们，我们人生的主要目标是富有、苗条、年轻、出名、安全和娱乐。在这样一种文化中，掌权者常常助长着我们最自私的冲动。"

确实，社交媒体的消息更新以及这种文化氛围分散了我们的注意力，使得我们忘记了，对我们长期的幸福和成功真正重要的，其实是与家人、朋友和同事建立富有成效的关系。豪车、金表、豪宅以及其他物质财富，尽管也可能会激励你，但会让你远离使得你的人生变得充盈的人际关系。

我们的同理心不够完善，就连陪伴很多孩子一同长大的《芝麻街》[①]（Sesame Street）也不得不聘请演员马克·鲁法洛（Mark Ruffalo）来表演几个场景，向孩子们解释这个故事。马克说："同理心就是你能够理解和关心别人的感受。"我们的文化中普遍存在的缺乏同理心的现象，伤害了我们的人际关系——无论是职场中的关系还是个人关系。

[①] 《芝麻街》是一个儿童教育电视节目，1969年11月10日首次播出，多次获得艾美奖。

当领导者缺乏同理心时，员工的绩效就会下降

就像我们美国的文化一样，在一种提倡个人主义的文化中，人们很容易把同理心看作弱点、缺点，一种自卑或者无能的表现。事实并非如此。那些认为同理心不是积极品质的领导者，只会给自己带来危险。

不幸的是，无论我们走到哪里，都能看到与具有同理心的领导者截然相反的领导者。有太多的领导者并不会真诚地关爱和关心他们的下属，而是冷漠、自恋、自私、渴望权力、完全被误导着。他们没能创造一种有爱和丰盈的文化，而是对他们的团队以及我们整个社会造成着严重破坏，并且他们还往往没有足够的自我意识来了解或关心自己造成的伤害。

这就不难理解为何今天的员工都焦躁不安、压力重重、苦苦挣扎了。在很多人的生活捉襟见肘，难以支付住房和日常开支时，CEO 的平均收入却是其下属员工的 271 倍，而且这个差距还在扩大。职场性骚扰是个日益严重的问题，尽管典型的情况是男性上司骚扰女性下属，但这实际上是一个关乎权力的问题：无论是男性还是女性，只要他（她）拥有的更多，就会去掠夺那些拥有更少的人。

优步公司（Uber）的员工苏珊·福勒（Susan Fowler）在人力资源团队无视她关于性骚扰的报告后，提出了指控，最终，公司的 20 名员工被解雇。毫无疑问，这些员工的行为很坏，需要被追究责任，但更大的问题是，这家公司的 CEO 一手制造了性别歧视文化。骚扰

还不仅仅发生在办公室。皮尤研究中心在采访了4 000多名成年人后发现，41%的人曾在网上遭到过骚扰，三分之二的人曾目睹过这种针对他人的骚扰行为。

职场霸凌则是另一个重大问题，对于这个问题，我们只听到过很少的一部分。职场霸凌研究所（Workplace Bullying Institute）的数据显示，超过6 000万美国员工在工作中受着霸凌的影响。这已经足够吓人了，但更糟糕的是老板们的反应：25%的老板什么都不会做，46%的老板只会虚张声势地做一些调查，只有23%的老板会帮助受害者，而仅有6%的老板才会惩罚加害者。

那些欺侮或骚扰员工的领导者，或者在自己的任期内放任这种行为而不对欺辱他人者加以惩罚的领导者，会让公司损失数十亿美元，导致员工创造力下降、流出率上升、士气降低、旷工率攀升、工作效率下滑、离职补偿金增长、身心健康受影响，并且引发工作场所事故，使公司的形象受损，当然也会因此产生诉讼费用、经济和解赔偿费用。所有这些，都是缺乏同理心的领导者带来的恶果。

我们也不要忘了贪婪，这是缺乏同理心和道德的人经常表现出来的特征。

富国银行（Wells Fargo Bank）就是一个很好的例子。该银行是全球最大的金融机构之一，在2002年至2017年间，该机构的金融顾问用客户的名字伪造了数百万个虚假账户。你可以想象，当客户开始为他们从未开设过的账户缴纳费用时，他们会有多么不开心。最终，这些金融顾问及其主管都被解雇，董事会驱逐了 CEO，银行则支付了 1.42 亿美元的罚金。但在这段时间，CEO 赚了几百万美元，银行也赚了数十亿美元。很明显，富国银行在财务上有动机走向黑暗面：它赚的钱远远超过了必须支付的罚款和罚金。

这与 20 世纪 70 年代福特汽车公司（Ford）在解决斑马牌汽车（Pinto）的问题时采用的逻辑基本相同。这款车型的汽车在相对较小的事故中大多都起火了，导致了数十人的伤亡。面对这种情况，该公司高管做出了一个冷酷的决定，即花钱解决诉讼，而不是召回 100 多万辆汽车并维修它们，因为前者所花的成本远低于后者。

没有同理心的领导者也不太可能关心员工的安全。CEO 与员工之间 271 倍的工资差距，可能很难让 CEO 与自己的下属员工产生共鸣，也很难让他们不将员工视为像机器人一样的存在，而"机器人"存在的意义，只是为了让公司赚钱。我确信你看到过许多关于工作环境不安全、不清洁和员工伤亡的消息。

怀有同理心的领导关心员工的身体健康。幸运的是，并不是每个人都必须和道德标准低下，甚至完全没有道德底线的领导者打交道或受到他们的欺负。但在有些时候人人都不得不应对公司政治斗争。也许是你的经理把你做的工作归功于自己，或者是某个绩效差劲但和老板关系更好的同事比你先行一步获得了晋升。

价值激活

许多领导者觉得，他们想要成功，就必须掺和办公室政治斗争。人力资源公司罗致恒富（Robert Half）开展的一项调查显示，60%的员工同意这一观点，他们认为，参与办公室政治，至少在某种程度上是取得进步的必要条件。

当然，不是所有的办公室政治都有破坏性，而且没有哪间办公室能在完全没有政治斗争的真空中运行下去。但我还是建议你远离办公室政治，远离流言蜚语，远离偏袒，远离通过打压团队成员来获得成功的阴谋。有时候，这些策略起初看来可能是不错的主意，但它们会回过头来咬你一口。此外考虑到我们换工作的频率，你永远不知道在下一份工作中你将和什么人合作共事，或者是为谁工作。过河拆桥并不明智。

自恋者：过于关注自己而忽略他人

密歇根大学（University of Michigan）教授萨拉·H.康拉特（Sara H. Konrath）记录了自1980年以来大学生自述的同理心得分稳步下降的过程。同时，圣地亚哥州立大学（San Diego State University）心理学家吉恩·M.特温格（Jean M. Twenge）说，自恋的评分从未如此之高。她分析了从1.5万名大学生中收集得来的数据，发现出生年份和自恋的评分之间存在着一种关系，最近出生的人比他们的长辈更自恋。

特温格还发现，尽管我们声称重视社区服务，但大多数人还是宁愿看电视、玩游戏或做一些让自己高兴的事，也不愿帮助别人。

第 9 章 | 同理心：兼顾人的意义

在这个问题上，社交媒体也起了推波助澜的作用。维尔茨堡大学（University of Wurzburg）的马库斯·阿佩尔（Markus Appel）教授分析了 57 项研究成果，这些研究涉及 2.5 万多名参与者。他发现，在社交网络上的"好友"数量以及上传照片的数量，和自恋之间存在着联系。在社交媒体上越是活跃的人越自恋，也越不关心别人。我们太沉迷于社交媒体的状态更新、点赞、评论和分享，太专注于得到他人的关注和赞扬，以至于失去了同理心。

在孩子身边盘旋，事事为孩子包办的"直升机父母"，为孩子扫清道路上所有障碍的"扫雪机父母"，以及其他类似的父母，都助长了自恋的流行。他们从不让孩子遭受挫折，这些父母更专注于控制孩子，介入他们的生活，较少关注他们的情绪状态、心理感受和长期行为。假如你长时间被周围的人当成宇宙中心来对待，就会开始真的以为这个世界在围着你转。太多年轻的专业人士都出现了这种情况。如果这不是自恋者的定义，我不知道什么才是。

但另一方面，父母也可以帮助他们的孩子远离自恋。例如，我的父母是我认识的最关心他人、乐于奉献的人。他们帮助我渡过了许多难关，也让我体验挫折，从自己的错误中学习。我始终知道，他们是我坚强的后盾。我相信，正是因为他们以这样的方式把我抚养成人，我才会花这么多时间帮助别人。这十分重要。

既然你已经了解了同理心的重要性，也知道了许多人都缺乏同理心，那么让我们来看看你有多么富有同理心。对自己有自知之明是进一步敞开胸襟、与他人建立联系、让自己知行一致的第一步。

231

价值激活

请用"是"或"否"回答下列问题(见表 9.1)。如果你的答案中有三个以上的"否",那么,作为领导者,你可能需要学会表现出更多的同理心了。

表 9.1 同理心评估表

特征	是/否
当我伤害了某人的感情时,我会道歉并承认我的错误。	
当身边的人难过时,我也难过。	
当我看到别人受到不公正对待时,我很生气,想帮助他们。	
当出现分歧时,我会尝试着理解每个人的观点。	
当我的团队中有人工作出色时,我会承认他的功劳。	
当有人受到批评时,我会想象如果我是那个人,会有什么感觉。	
当人们为他们自己的成功感到高兴时,我也为他们感到高兴。	
当我看到那些不幸的人时,我同情他们。	
当我和我的团队一同工作时,我真正关心他们,而不仅仅是把他们当成员工。	
有人哭的时候,我本能地想帮他。	
总计	

职场同理心的复兴

我们在社会中经历的缺乏同理心的对待,已经造就了一些试图将同理心带回来的新的团队、团体和公司的复兴。自 2015 年以来，我的朋友和同事克里斯·斯基姆布拉（Chris Schembra）一直为他自己的朋友和同事举办晚宴。

晚餐期间，克里斯会在厨房里做他拿手的意大利面酱，同时叫上每个客人来帮他干些特别的活，比如切菜、烹饪或者上菜。然后在吃饭时，再让这些客人四处走动一下并介绍他们自己，他们不但要说出自己和公司的名字，还要向其他人介绍那些对他们的生活产生了积极影响的人。

在几乎每一次晚宴中，至少总有一个人会哭，因为他 / 她在这种安全的环境中可以充分表露自己的情感。我在这样的场合谈到了我的父亲，尽管小的时候我并不尊重他，但我现在开始明白了他是多么支持我。克里斯说："当人们养成了倾听周围人的感受和观点的习惯时，就会开始明白，这些人可以教会他们生活中所需要的一切。"假如这是在一种不那么人性化的、更加以高科技设备为基础的交流中，就不可能出现这种理解、联系、亲密感和同理心。

克里斯在晚宴上创造了一种促进同理心的体验，而优步公司人才开发团队的南迪·沙利夫（Nandi Shareef）却不得不在艰难的局面下怀着同理心领导团队。她的团队里有位同事难以感受到自己的价值，并开始质疑自己是否有能力为岗位作贡献。南迪向这位员工表达同理心的方式便是带她去喝酒，花时间理解她为什么会有这种感觉。

随后，南迪通过事实和趣闻来让这位员工确认，她的团队成员认为她对团队作出了贡献。"接下来，我请她回家，思考那些让她高兴、

233

价值激活

带给她快乐、让她觉得自己有价值的事情,并将这些作为常规练习,不管事情是进展得顺利还是陷入困境。从那以后,她就一直昂首阔步地在办公室里走来走去,结果证明,这种转变对她是有效的。"

虽然南迪显然是怀着同理心来进行领导的,但有时候,领导者也需要富有同理心的团队成员来帮助自己渡过艰难的时期。亚历克斯和安妮有限责任公司的社交媒体总监杰西卡·拉蒂默亲身体验了这一点。她正在办理离婚时,她的父亲病得很重。她想把自己的工作和个人生活分开,所以尽量不跟她的团队分享这些个人生活细节。

几个月后,她终于把自己的经历告诉了两名团队成员。她说:"我的一名团队成员非常真诚地回应了我。第二天,她拿着一张卡片和一条项链走了进来,鼓励我在这么艰难的时期挺过去。那一刻让我意识到,尽管和周围的人保持界限很重要,但我们都是人,有时候你得让别人走进你的内心。"说到同理心,小小的手势和敞开胸襟的对话,就能使你的人际关系更牢固。

即使是我们社会中最杰出的企业家,也明白同理心的重要性,尽管他们拥有名声和财富。虽然埃隆·马斯克并没有像小罗伯特·唐尼(Robert Downey Jr.)饰演的钢铁侠那样鼓舞人心,但他在用自身的行动诠释着同理心。

多年来,特斯拉的工作环境一直不如行业平均水平那样安全。马斯克说,安全是公司的头等大事,并通过减少加班(这与较高工伤率有关)和给员工写的一封吐露衷肠的信来展示这一点。他在信中不但坦承安全问题确实存在,提出要与每一位受伤工人见面,还承诺亲自走上生产线，做员工们正在做的事情。最重要的是，他坚持让他下属的经理们也这么做。这是一种展示同理心和以身作则的好方法！

埃隆·马斯克写给他的员工的富有同理心的信

我对你们的安全和幸福的关心，无法用言语表达。当有人在制造汽车并且尽他们最大的努力使特斯拉迈向成功的过程中受伤时，我的心都碎了。接下来，我要求所有的伤害事故都要直接向我汇报，没有例外。

我每周都会与安全小组会面，希望在每位伤者康复后尽快与他们见面，这样就能从他们那里确切地了解到我们需要做些什么来改进了。接下来，我将到生产线上做他们做的事情。这是特斯拉所有管理者都理当做的。在特斯拉，我们从一线开始领导，而不是坐在安全舒适的办公室中发号施令。经理们必须永远把团队的安全放在第一位。

这里还有另一个心怀同理心来领导团队的例子：玛德琳·帕克（Madalyn Parker）是一家小型科技公司的工程师，她想安排一个精神健康日，于是她给她的团队发了一封电子邮件。她在邮件中写道："嗨，大家好，我今天和明天都在关注我的精神健康，希望下周能够精神饱满地回来，恢复到100%。"

玛德琳的经理以最积极的方式回应："你好，玛德琳，我只是想亲自感谢你发了这样的邮件。每次你发这种邮件，我都会用来提醒自

价值激活

已请病假去做一番检查。你是我们所有人的榜样，帮助我们克服对精神健康的病耻感，让每个人都能全身心投入工作。"经理不仅理解了员工的感受，而且称赞了她的诚实。

通过产生同理心，领导者可以考虑团队成员的个人需求，从而让他们在工作中感到更有安全感。品趣志（Pinterest）的多元化和包容性项目总监杰森·龚（Jason Gong）非常赞赏他的经理们，因为他们考虑到了他的个人需求、风格和整体健康。他说："我有一位经理，他真的很支持我在家工作，而且必要时他还会抽出时间来参加心理健康活动。我的工作在情绪上消耗极大，自己照顾好自己，是我在工作领域持续成功和不断发挥影响的关键。"

如果某位员工需要晚一点上班，抑或进行一天的远程办公，抑或照顾生病的父母一星期，我们得了解这些情况，并尽可能地为其提供方便。作为领导者，我们不仅要帮助团队取得高度成功，还要照顾每个人的需求。

不涨薪酬也能吸引员工

史蒂夫·鲍尔默（Steve Ballmer）和萨蒂亚·纳德拉（Satya Nadella）都曾担任微软公司的 CEO，领导着一个拥有 10 万余名员工的全球组织。虽然他俩先后在同一个岗位上工作，但风格完全不同。鲍尔默会走进办公室，以最直接的方式告诉他的团队做错了什么。

纳德拉是在任的 CEO，以一种更富同理心的方式领导团队。他认为人类天生就有同理心，希望在工作中和谐相处。相比于鲍尔默对团队提出严格要求，纳德拉则希望了解员工来自什么地方，以便为他们创造更好环境。

纳德拉的第一个孩子出生时患有严重的脑瘫，在给孩子治疗期间，他对同理心有了十分深刻的认识。他的妻子为照顾孩子放弃了自己的事业，他需要做个好父亲和丈夫，设身处地为孩子着想。这种个人的体验，给微软的办公室及其产品带来了更多的人性化。

在这一点上，你们中的一些人可能仍然认为，同理心的整个概念听起来有点过于煽情。好的，再想想吧。即使是地球上最坚强的人，比如海军海豹突击队员，也要在团队建设的过程中了解同理心的价值。**要想在战斗中取得胜利，你需要一个强大的支持系统，这一系统建立在信任的基础之上，而如果没有同理心，就不可能有信任。**

23岁时加入海豹突击队的邝翁（Kwong Weng，音译）说，他之所以能够忍受所有困难，是因为他和他的团队有一种情感联系。他知道，如果遇到困境，其他人会出手相助，这是他前进的动力。邝翁说："当水太冷时，我的朋友会鼓励我跳进去。当事情变得棘手时，他会说，'这会过去的，继续努力吧。'"虽然你在公司里面临的挑战很可能比海豹突击队员每天面临的威胁小得多，但关键是，同样的同理心，可以使人们克服任何困难。

同理心深深扎根我们内心深处，具有重大的商业意义。情商研究协会（Consortium for Research on Emotional Intelligence）发现，同理心和销量增长之间存在着相互关联。同理心可以提高工作效率。一项

价值激活

对放射科医师的研究发现，当病例档案中包含有病人的照片时，放射医师会提供更准确详细的报告。而当募捐者告诉潜在的捐款人，他们所捐的钱将怎样以奖学金的形式帮助学生时，募捐者会捐更多的款。

根据管理研究集团（Management Research Group）的调查，在同理心方面得分最高的领导者被认为更讲道德，也更有效率。不幸的是，具有同理心的领导者并不多见。

一份名为《职场同理心监测》(Workplace Empathy Monitor)的报告中指出：只有24%的美国人认为组织领导者怀有同理心；31%的员工认为组织只看重利润，并且老板也不关心他们；1/3的员工表示，如果他们的新老板比现在的老板更富有同理心，哪怕薪酬不增加，他们也不会换工作。

怀着同理心来领导他人，将帮助你……

1. 做出更好的战略抉择，因为你知道你的团队成员来自哪里。
2. 用关心和同情去解决冲突，因为你能更好地了解着人们。
3. 说服你的团队成员相信你的观点，因为你也理解他们的观点。
4. 预测别人的行为和反应，因为你知道他们经历了什么。
5. 激励他人，因为你会花时间去了解他们最关心的事情。

成为富有同理心的领导者

要训练自己怀着同理心来领导别人，可以采取小步骤。留出时间和你的团队成员交谈,在谈话开始时,问问他们感觉如何。这是一种以简单的、低压力的、直接的方式来开始的一场情绪化的谈话。询问"你过得怎样"和询问"你感觉怎么样",是有着很大区别的。"感觉"这个词会引发情感,而"过得"则基于切实的活动。你的目标是更接近于开放,而不是使用高科技设备来开场。

如果你对"感觉"这个词感到不舒服,没关系。关键是要问出一些能够引出诚实答案的问题,也就是那些无法用"好吧"来回答的问题。契普多墨西哥餐厅培训主管山姆·沃罗贝克过去常常问这样的问题:"这个项目进展得如何?""你拥有必要的资源吗?"但是,随着时间的推移,他转向了更深层次的问题,比如:"工作量太大了吗?""我知道你家里有很多事情要做。你都处理好了吗?"

一开始,他担心自己太过个人化,但结果令人惊讶。他说:"我现在有一个团队来公开谈论工作时家里发生的事情。我们讨论的不是生活中残酷的细节,而是足以让每个人都知道某位员工在应对着什么样的事情。"他补充道:"这使得我更容易告诉别人,'我在家里正经历一段艰难的时期',或者'我们正在买房,所以要离开办公室一段时间'。

以前,我们的家庭生活是互相隐瞒的秘密,当人们因为日常生活中发生的事情而挣扎或者看不见人影了时,我们才会提出很多问题。现在,我们在向他人表达同情和庆祝时,比以前更加真诚,更具有同理心。"

尽管同理心很重要,但在工作和个人生活之间划清界限仍然十分重要。学乐教育集团技术副总裁斯蒂芬妮·比克斯勒说:"我认为,在工作中进行开放式的、具有同理心的讨论,通常不会有什么用处,因为这些讨论通常基于以下几点:'我的工作太艰难了''我有太多事要做'或者'我太忙了'。

尽管我自己也有这种感觉,但我不认为讨论这些会是一种卓有成效的工作方式,因为自怜永远不会让任何人有所作为。不过我认为,对于那些影响着我的团队中的个人事务,如果个人也有兴趣的话,进行那些情绪化的/富有同理心的讨论是非常有效的。"如果这个人对富有同理心的对话不感兴趣,不管是关于性骚扰还是家人的故去,都不要去对他推动这个话题。但如果员工决定向你敞开心扉,你就全心全意地倾听。

这里的底线是什么呢?即了解你的员工,并从他们那里获得线索。蓝多湖公司电子商务、移动与新兴技术部门主管山姆·维奥利特说:"管理一个软件工程师团队,需要用掉一盒纸巾来擦眼泪的对话发生的频率相当低,但是,如果能就人们在工作场所以外的生活中发生的事情进行对话,是很有帮助的。"

"如果我知道某人的父亲住院了,或者他们打算卖掉自己的房子,并且被随之而来的所有事情搞得焦头烂额时,我就会知道,我得减轻这个人的工作量了。你最优秀的员工会把他们的工作放在其他几乎所有事情的前面,有时候,作为经理,你的职责是让他们自己做决定。"

在你和员工的讨论中,你需要做3件事:

1. 通过把手机放在一边,关掉提示音,来表明你关心他/她。这种做法听起来也许微不足道，但弗吉尼亚理工大学（Virginia Tech）的研究员莎莉尼·米斯拉（Shalini Misra）发现，只要把手机放在桌子上或者一只手拿着，就能减少夫妻之间的"互联性"和同理心。你看手机的那一刻，就设置了一个障碍，这会破坏你与面前的人之间的关系，而且很有可能他/她以后都不想和你谈私事了。

2. 不打断对方，认真倾听。

3. 通过总结你听到的内容来表明你理解了。 但不要只是鹦鹉学舌地重复员工的话。你也许熟知加州大学洛杉矶分校教授阿尔伯特·梅拉比安（Albert Mehrabian）的研究发现：在我们交流的内容中，只有7%包含在我们说的话中，剩下的93%，其实来自我们说话的语气和肢体语言。所以，要密切关注这些。如果你只是听的话，很可能会错过你的员工想要传达给你的信息的精髓。

当我们组织中的领导者表现出谦卑和有弱点时，会变得更有亲和力。在创造力领导中心（Center for Creative Leadership）的研究者发现，变革型领导者需要同理心来关心追随者的需求。同理心也与工作绩效呈正相关的关系。当你的团队成员遇到困难时，你越是表现你的同情和帮助他们的意愿，他们越会努力工作，越是忠于职守。

我们都想觉得自己很重要、很关键。知道了这点，领导者就应该像对待重要人物一样对待别人，给所有人一个公平的机会来展示他们的能力和显示他们是什么样的人。不要对员工产生成见，要让他们融入你的团队，使他们觉得自己是团队的一部分。在许多情况下，只需进行面对面的交谈就可以了。

价值激活

施乐公司 CP 基础设施和分析经理阿米特·特里维迪向我讲述了他的一段经历:"我的一名团队成员对高管的策略持怀疑态度。为了了解他怀疑的依据,我和他进行了一对一的讨论。"

阿米特接着回忆:"在这次交流中,我知道了他过去的工作是怎么不被管理层赏识的,原来,管理层忽略了他提出的反馈意见,因此他觉得自己没有给团队增加多少价值。我向他保证,我对他个人所做的努力和对他的反馈的认可,与我致力于交付我们的项目的承诺是一样的。如果通过电子邮件甚至是电话来展开这次对话,就不会有同样的体验和结果。"

最后但同样重要的是,要不求任何回报地提供帮助并指导团队成员。这是一种富有同理心的举动,因为你在向别人表明,你愿意为别人花时间和精力,而不仅仅是为你自己。你也在创造一些积极的长期回报。以下是你可以在不同场景下表现同理心的方式(见表 9.2)。

表 9.2　不同场景下表现同理心的方式

局面	如何处理
你的员工有位家人去世了。	告诉他,你对他失去亲人感到难过,你知道他的感受。然后给他足够的时间来恢复。
你的员工正在努力完成一个艰难的项目。	问问他在做什么,你能帮什么忙。你可以通过与他合作、给他培训、为他提供额外的资源甚至重新分配项目来支持他。提醒他,我们都有过挣扎的时候,寻求帮助并没有错。

（续表）

局面	如何处理
两名员工正在相互争论。	与每名员工单独会面，仔细听一听双方的说法。一旦你了解清楚了冲突的原因，就举行一次三人会议，试着让员工从对方的角度来看待问题。这很可能足以让他们自己解决问题。
你的员工压力太大了。	让他知道有压力是正常的，建议他花时间去健身房锻炼、散步或者上午请个假。这不是你第一次，也不是最后一次解决压力过大的员工的问题，所以，确立明确的先例，让你的整个团队知道你重视他们的心理健康，会支持他们要做的任何事情，使团队成员都感觉更加放松。

成为一位更富同理心的领导者，对每个人来说都不容易。但如果你努力，就会成功。这正是汤森路透集团人才与发展副总裁伊洛娜·尤尔凯维奇所经历的事情。她说："当我第一次从事管理行业时，很难与团队成员建立有意义的联系，因为我觉得这是肤浅的，是被迫的。直到我学会了怀着同理心提问的艺术，我才开始喜欢上它。"

"我试图学习这项技能时，用它创建了一种工作方法。我工作时总是带着笔记本，用来记笔记。在封面内侧，我决定写下5～6个问题，以便在一对一的交谈开始时作参考。这些都是帮助我理解其他人观点、开启更深层次对话的私人问题。

所以，每次和员工面对面交谈时，我都会确保自己问了他们两三个这样的问题。我意识到，强迫自己去做，最终使得我更加适应和相隔一定距离的员工建立人际关系的做法，而且，这也会成为一种学习得来的习惯。你猜怎么着？一两年后的今天，这已经变成了一件很自然、很愉快的事情，我十分享受那些能让我产生同理心的机会。我还认为，这使我成为一名更优秀的领导者。"

正视 #MeToo 时代的职场诉求

性骚扰问题一直存在于职场，但 2017 年，一系列不当性行为的指控使得一些知名人士下台后，性骚扰成为头条新闻。塔拉纳·伯克（Tarana Burke）在对前好莱坞大亨哈维·温斯坦（Harvey Weinstein）的性侵提出指控之后，创建了"MeToo"标签（#MeToo），该标签由艾丽莎·米兰诺（Alyssa Milano）推广开来，目的是提高人们对普遍存在的性骚扰问题的认识。

在 #MeToo 事件中，美国各地的女性和男性都公开了自己的故事，致使演员凯文·史派西（Kevin Spacey）、明尼苏达州参议员阿尔·弗兰肯（Al Franken）、娱乐界亿万富翁史蒂夫·韦恩（Steve Wynn）、风险投资家戴夫·麦克卢尔（Dave McClure）、喜剧演员路易斯·C.K.（Louis C.K.）、著名大厨马里奥·巴塔利（Mario Batali），甚至美国前总统乔治·H.W. 布什（George H. W. Bush）纷纷声名扫地。《时代》杂志 2017 年的年度人物是"打破沉默的人"（The Silence Breakers），就是指这一群敢于直言的女性。

在美国，有 71% 的女员工称曾遭到过性骚扰，而在英国和亚太地区，这一比例分别为 40% 和 35%。尽管 30 多年来日本女性在工作中享有平等的机会，但日本 NH 食品加工集团（NH Foods Ltd.）总裁不得不因为他的下属在旅行时对一名航空公司员工发表露骨的性言论而辞职。#MeToo 影响了每个人，影响了世界的每一个角落。然而，只有大约四分之一的受害者向人力资源部门报告了自己的遭遇。

就像我之前提到的，虽然大多数臭名昭著的性骚扰和攻击指控都是关于男性侵犯女性的，但性骚扰其实关乎权力和统治。有权有势的女人同样有可能骚扰别人。例如，有多名男性职员指控加州众议员克里斯蒂娜·加西亚（Cristina Garcia）骚扰过他们，具有讽刺意味的是，她还是《时代》杂志文章中提到的女性之一。想想那些因与十几岁的男学生发生性关系而被捕的高中女教师吧。

#MeToo 运动以多种方式对职场产生着影响，但并非其所有的影响都是积极的。它产生的消极影响有：限制在办公室聚会上喝酒、员工不敢拥抱对方。我还听说过一些男人羞于与女同事交流、不敢指导女同事甚至害怕与其单独相处的例子。这是悲剧。

脸书的全球就业法律主管海蒂·斯沃茨（Heidi Swartz）说，在脸书和谷歌，员工们只被允许邀请同事一次。如果对方说"我很忙"或者"这个晚上我不行"，都可以算作是拒绝。虽然 #MeToo 运动让女性和男性在工作中获得了安全感、话语权和权利，但其副作用是，在过去十年里，办公室恋情减少了 4%。

我们成年后的大部分时间都花在工作上，自然而然会依赖工作场所来寻找伴侣。虽然在工作中禁止恋爱可能会伤害我们的人际关系、健康和幸福，但我们要在骚扰发生时意识到它，并且阻止它的发生。

了解性骚扰,首先要理解其定义:"任何不受欢迎的性暗示或要求,如果它造成了不友好的工作环境,就可能构成非法骚扰。"不幸的是,这个定义太宽泛了,宽泛到令人沮丧。事实上,性骚扰通常是一种"当你感觉到的时候你才知道"的事情。然而,如果你没有直接经历过性骚扰,就可能缺乏理解受害者所需的同理心。

因此我们可以这样想:作为领导者,你身居要职,对你的团队、团队成员的薪水和职业轨迹都能产生影响力。你应当使用这种特权来支持他们,而不是利用他们或者使他们士气低落。想要的和不想要的动作手势之间存在着细微差别。例如,永远不要向团队成员分享不合适的图片、讲性笑话,或者发送暗示性的电子邮件。但不要担心握手或午餐约会。

如果你看到了一些你觉得可能构成了性骚扰的事情,你有多种处理选择。百时美施贵宝公司信息与数据管理副总监约翰·亨茨曼针对个人情况调整了他的回应。他说:"我经常发现,今天的受害者会站在他们的立场上进行反抗,在这种情况下,我会让他们放手去做,并在必要的时候为他们提供支持。"不过,"在受害者似乎很脆弱的时候,我时常会把冒犯者喊出来,但是,我努力以一种保持沟通渠道畅通的方式为他们提供一条弥补的途径。"

如果你觉得自己可以轻松地独自应对性骚扰,也一定要记录下发生的每件事和你所采取的每一项措施。如果你觉得无法独自应对或者不知道该做什么,那就把这件事交给人力资源部门。

同样的逻辑也适用于员工向你提出他人对其性骚扰的指控:你要

么立即着手调查，要么把这件事交给人力资源部。如果不认真对待指控，问题就会进一步恶化，并助长一种有毒文化的形成，在这种文化中，人们会认为这种行为是可接受的。

利宝互助保险公司品牌与整合营销副总裁詹娜·勒贝尔说："领导者要在性骚扰事件发生之前就表现出同理心。同理心要从创造一种环境开始，在这种环境中，领导者接受和支持人们站出来报告工作场所中的骚扰以及歧视。"

虽然回应原告的指控很重要，但尊重被告的权利同样十分重要。大西洋唱片公司（Atlantic Records）营销经理马尔科姆·曼斯韦尔（Malcolm Manswell）表示："要确保这些指控100%准确，又是另一回事了。因为有的人在利用这场运动玷污高层的声誉。"

放下伪装，用"心"领导

如果你真想成为一位富有同理心的领导者，就得做一些可能很可怕的事情：展现自己脆弱的一面。我们私下里嫉妒电影中超级英雄的力量，但让他们变得平易近人的，却是他们的弱点。太阳给了超人力量，但是氪星却削弱了他的力量。如果超人没有弱点，总是看着他赢得每一场战斗，只会让我们感到乏味。

告诉别人你的才华是一回事，坦承自己的缺点又是另一回事。休斯敦大学社会工作研究生院（University of Houston Graduate College of Social Work）教授布琳·布朗（Brené Brown）告诉我："脆弱是人际

价值激活

关系的发源地，也是获得自我价值感的必经之路。如果跟人分享的东西无法使人们觉得你脆弱，那么，分享可能就没有建设性。"

糟糕的领导和更糟糕的行为在现实世界与网络世界都会发生，而且情况没有任何好转。我们从小就知道要用头脑去更好地领导他人。但是，如果我们真的想激励他人并且与他人建立联系，就得用心灵来领导他人，对我们周围的人富有同理心和表达同情。作为年轻的领导者，是否要改变局面，这取决于你。

不要试图快速解决员工的问题，而要花时间听他们的真实想法，并利用自己的经验来更好地理解他们的情绪。在这个社会上，有数百万人和我一样曾在生活中遭受欺凌，这对我们在职场内外的自信产生了毁灭性的影响。作为一名受害者，我觉得大声说出来的每一句话都会招致批评，所以最后我变得安静了，说出的每个字都格外小心。

我花了多年时间才鼓起勇气和别人分享我小时候遭受霸凌的痛苦与创伤，但当我告诉别人我的经历时，他们往往也会更为坦率地将自己的痛苦与我分享，所以我并不觉得孤独。尽量少用高科技手段交流。与其匆匆忙忙为一张照片收集几百个"点赞"，为什么不拿起电话告诉别人，你是多么感激他/她让你的生活受益呢？为什么不去邀请某人喝杯咖啡呢？

价值笔记
Back to Human

怀着同理心领导员工

在你的团队对话中展现自己脆弱的一面。

这会让你变得人性化，使团队成员在遇到问题时更容易亲近你。脆弱不是弱点，而是一种优势，它可以创造安全的空间，使人们加深与你的关系。

全身心地投入与团队成员的交流之中。

当团队成员和你说话时，倾听他们的声音，排除任何干扰（包括你的手机）。

把别人放在第一位。

当你太专注于自己的事业，努力获取权力和赚钱时，就会失去那些能帮助你实现这3个目标的人。设身处地为他们着想，有助于你解决他们的问题或者满足他们的需要。如果你在过去经历过同样的悲剧或障碍，这种方法会更加有效，但即使你没有经历过，也要尽力后退一步，好好想想。

第10章 最佳员工体验：给予自主权

你必须成为涌出信息、促进交流和保持团队文化的力量。

——斯坦利·麦克里斯特尔

美国陆军四星上将、畅销书《赋能》作者

"体验"这个词已成为我们这一代人定义商业的词汇之一，因为它考虑了你与某个人、某个地方、某件产品或某个公司的每一次互动。作为客户，你在一家公司中获得的体验，将决定你在高度忠诚者、无偿的品牌推广者与竭尽全力抨击品牌的"有毒客户"这个连续区间之中究竟处在什么位置。

员工同样也存在类似这样的连续区间：区间的一端是忠诚、高效的员工，另一端是不忠诚、低效、具有破坏性的员工，后者会损害你的团队和公司。员工在这样的连续区间中到底处在什么位置，很大程度上取决于你为团队成员创造了什么样的体验。

这种体验比你想象的复杂得多，这也正是为什么我要引领你观察它的各个方面并告诉你如何改进的原因。由于这种体验涉及你的工作场所物理的、社会的和文化的要素，以及你与员工的每一次接触的时刻，所以，创造积极的员工体验，需要大量的思考、大量的创造力和持续不断的努力。

在前面各章中，我已经讨论了许多有助于增进员工体验的做法。现在，是时候看看这些做法将如何共同发挥作用了。但我并不打算逐一重新讨论它们，而是提出涉及员工体验时要加以考虑的 5 条规则。

规则 1：对待员工要一视同仁。如果员工看到某位同事获得了特殊待遇或者在你这里有独特的体验，他会觉得自己被忽略了，没有得到赏识。

规则 2：努力创造一种即使你不在场也能维持的文化。不要指望你的员工盲目接受你公司现有的文化。

规则 3：设法了解是什么让他们成功，以及你如何作为个人而不仅仅是团队成员来支持他们。不要以为你的员工的需求得到了满足。

规则 4：让员工成为创造过程的一部分，并且为其他人培育同样的体验。不要试图对他们的体验负全部责任。

规则 5：减少对设备、平台和机器人的依赖。它们消除了让工作个性化、满足员工生理需求的人际交往。不要相信高科技设备能帮你完成工作。

价值激活

遵循这 5 条规则，会让你更好地意识到应该避开哪些方面以及应当专注于哪些方面。你创造的员工体验应该贯穿员工的工作始终。让我们仔细看看员工体验的整个生命周期。以下是领导者处理不同员工体验的方式（见表 10.1）。

表 10.1　领导者处理不同员工体验的方式

员工的视角	你的视角	如何处理
加入	招聘	在面试期间，帮助应聘者理解你的价值观和文化。提一些问题，比如他们最喜欢和什么样的人共事，以及每天想在工作中获得什么样的体验。考虑一下他们的个性会如何与团队其他成员融合，如果有可能，让每名团队成员在你做出聘用决定前先和每一位应聘者见个面。最重要的是，一定要询问他们未来的规划。在做出招聘决定之前，确保应聘者的期望与工作场所和公司的文化现实相符，是极其重要的。
熟悉	入职	通过安排团队午餐或小组会议，让新员工熟悉公司的文化。向他们传授基本的日常任务，并确保他们拥有适当的工具完成日常工作。指派一位资深的团队成员来指导新员工，直到他们能独立工作为止。
学习	提升	创造共享的学习环境，鼓励员工在最需要的时候互相帮助。与每位员工进行非正式交谈。这样做，除了能让他们感到特别，还能帮助你确定他们的个人学习风格，以便你帮助他们最大限度地利用学习经验和机会。

（续表）

员工的视角	你的视角	如何处理
绩效	绩效管理	密切关注员工的绩效，并在必要时予以干预，确保他们始终保持正轨并对自己的工作充满信心。定期收集和分发反馈信息，让他们知道自己的现状、自己该如何改进，并自始至终地做好一名优秀的团队成员。
成长	职业进步	在评估员工后，确保他们拥有成长到更高层次所必须具备的技能、领导能力和信心。一路支持和鼓励他们。了解他们的雄心壮志，并且理解成长和进步对他们意味着什么。
跳槽	离职	你希望离职的员工以积极的态度离职，并且对你、你的团队和你的公司给予高度评价。谁知道呢，在将来的某个时候，万一他们（或你）意识到你们想要再次合作，那么他们也许会再度加盟你的公司。

乒乓球桌和免费小吃不过是锦上添花

为了创造最好的体验，你要从员工的角度来理解事情，不能只是从你自己的角度。在员工体验的周期中，你需要注意6个截然不同的阶段（参见表10.1）。在任何具有重大里程碑意义的大型项目中，不同的员工在不同的阶段需要你投注不同的注意力。

员工体验是影响员工认知、行为和感受的所有互动的总和。他们的体验包括与他们的团队同事的交谈、他们每天占用的物理空间、他们从事的工作的性质，以及他们对你公司的整个发展历程中的观察。这是他们对工作场所、工作岗位、团队同事和老板的感觉。

创造适当的员工体验，并不是随便准备一堆福利（比如乒乓球桌和免费小吃），然后坐在办公室里等待奇迹发生那么简单的事。这些福利听起来很酷，但只能针对员工的短期需求，在员工的长期体验生命周期中起不到多大作用。它们无法让员工积极投入工作，无助于他们在工作中追求卓越，也不会让他们想在你的公司中待得更久。

不幸的是，创造最佳的员工体验，并不是一朝一夕的事情。你必须对员工体验的整个生命周期进行长期的、仔细的观察，并且以每次改进一个方面的速度前进。

员工体验的3个维度：文化、人际关系和空间

考虑到我们和团队成员之间不同的接触时刻，我们需要关注三个维度。你可以在每个维度上操纵不同的"控制杆"，这将影响你的员工的感觉，但随着时间的推移，你必须能够在自己无须参与其中的情况下使公司运转良好。让我们仔细观察每一个维度。

文化

文化是不成文的规则，指导着团队成员如何一起工作以实现目标，以及怎样凝聚成富有战斗力的、运转良好的团队。文化由诸多元素组成，包括核心价值观、同理心、小团体、职业道德、语言、符号、系

统、伦理和仪式。这好比一种宗教的企业版。当我在一家公司工作时，我所说的语言就对我的朋友、父母，甚至是其他公司的同行来说，根本毫无意义。是的，企业文化好比一种"秘密"的语言，让我们感觉有点像某种教派，但它可以让公司中的每个人都走得更近，因为它是我们共同拥有的独特的东西。

学乐教育集团技术副总裁斯蒂芬妮·比克斯勒告诉我，她以前的一位老板就利用这种方式激励团队取得了成功。她说："这位老板决定将他的团队命名为 GSD（Get Sh*t Done，意思是将工作干完）。他为我们创造了这个首字母缩略词，并在我们团队的工作场所周围竖起巨大的标牌。他把这个首字母缩略词渗透公司每个人的日常用语中，使它在工作中成为每个人自己的品牌。"

"这位老板还把我们定位为公司里的精英、能干的团队，没有什么大问题是我们不能解决的。它给了我们一种归属感和对自己所做事情的自豪感。人类天生就喜欢竞争。这种类型的品牌塑造和团队建设，强化了这些基本的本能。"

文化有多重要？南加州大学（University of Southern California）的研究人员对 17 个国家的 759 家公司进行了研究，发现创新的最大驱动力不是发给员工的工资或政府政策，而是获得所有员工都支持的强大企业文化。

不把权力下放给员工的领导者，他们表现得像监工而不是管弦乐指挥，他们对待员工就像对待数字而不是人，他们最终将制造出功能失调的文化。当员工感到无权决策、无法获悉对他们工作的反馈，或

价值激活

者没有人告诉他们他们正在从事的工作该如何融入大局时，他们就不会那么致力于实现高标准的成功了。当部门之间不进行沟通或者员工互相拆台时，组织就会开始走向失败，文化就会变得有害。

人际关系

这是员工体验中至关重要的一部分，其原因在于，人们与他人的情感联系，远远超过他们与公司的标识、品牌或产品的联系。如果你对待员工有失公允，或者团队中有一位让其他人恼怒的毒害性员工，团队中的好人就会离开——而你绝不应责怪他们。最好的领导者是那些能够为员工营造出家庭氛围的人。这些领导者知道，当他们关心员工的成功时，就与员工建立了一种强烈的情感联系。

我曾与保时捷公司（Porsche）前 CEO 彼得·W. 舒茨（Peter W. Schutz）交谈过，谈到他在 20 世纪 80 年代初作为领导者面临的最大挑战，即"使一家在增长上停滞，在利润上亏损的濒临破产的公司起死回生"。面对这个问题，很多 CEO 一开始都会削减成本，开发新产品或服务，发明新的营销理念，或者构思巧妙的广告。但舒茨决定从重建文化开始，把员工体验放在首位。

他相信，如果包括收发室员工、工程师和销售人员在内的所有员工都感觉像家人一样，能为着共同的成功而奋斗，那么保时捷就能提高产品质量，开始再度赢得重大竞争力。他是对的。随着保时捷研发出更好的引擎，成功随之而来，保时捷的全球销量从 1980 年的每年 2.8 万辆增加到了 1986 年的 5.3 万辆。公司利润也增长了。

离开一个岗位很容易，但是离开一个家庭却很难。我开始创业前，曾在两家公司工作过，当我决定跳槽时，这两家公司的经理都因对我的不舍而哭了。

员工感觉公司像家一样、领导和同事像家人一样，就更有可能相互交流，这增进和改善了团队合作。在一项针对 2 万名员工的研究中，研究人员发现，那些在自己公司认识 3 名或更多员工的人，更可能在公司长久地待下去。你的职责就是促成大量的这种社交和人际关系的建立。

在另一项研究中，同一批研究人员从 1 400 名主管和 3 万名员工那里收集数据，结果发现，过了几年后，员工的第一位经理对他们的绩效影响最大。通过与员工保持良好的关系，你可以看到他们的绩效每年都在加快提升。下面，我将用稍长一些的篇幅来谈一谈你在建立人际关系中扮演的角色。

空间

空间是你的员工的物理环境，在这里，他们发挥各种感官的作用，触摸、品味、观察、感知工作场所中的一切，从自助餐厅的食物到办公室环境到节日装饰等。和他们一起工作的人的年龄、办公室的布局和灯光，这些对员工来说都很重要，即使他们从来没有提到过这些事情。在工作中，物理空间是创造力、协作和健康的关键。

如果你不能创造合适的空间，总会有别的公司会创造。员工们都想要舒适的环境，希望自己的个人工作偏好得到领导者的重视。某位员工可能更喜欢小隔间，而另一位员工也许更喜欢在休息室工作，并且这些偏好还可能定期发生变化。

戴尔易安信公司的产品营销经理亚当·米勒告诉我，在他们公司，领导者与制造团队携手合作，利用新技术实现办公空间的现代化。这包括站立式办公桌、非正式会议空间以及更多其他方面。这些改进提高了员工工作的灵活性，使他们能以对自己有利的方式工作。思科公司综合业务规划经理卡萝琳·冈瑟表示，新任 CEO 允许员工带着宠物狗上班。给你的员工一些自由选择，让他们选择能使他们更富效率、更有创造力的工作环境。

尽管在移动设备上工作以及从事远程工作的员工越来越多，但在我们如何体验文化、培养关系和解决商业问题方面，固定的工作空间仍然发挥着关键作用。研究人员克雷格·奈特（Craig Knight）和亚历克斯·哈斯拉姆（Alex Haslam）给了 47 名在伦敦的办公室工作人员一个选择，让他们在办公室里摆放他们喜欢的植物盆栽和照片。对照组的办公室员工则在没有装修的办公室中工作。

结果，和对照组员工相比，在自己选择的风格的办公室工作的员工，工作效率高出 32%，对团队的成功也更加投入。在另一项研究中，约有一半的受访者表示，重新设计办公室会提高工作效率，让他们更有条理，工作满意度也更高。美国室内设计师协会（American Society of Interior Designers）的一项研究发现，喜欢办公室环境的员工对工作的满意度高出 31%。

另一方面，员工如果整天在受到噪声干扰、照明和空气质量不好，抑或技术设备陈旧过时的办公室中工作，或者员工的办公室位于与公园或愉快的户外空间隔绝的办公大楼之中，就不太可能兴奋地投入自己的工作和工作更长时间，也不太可能为公司提高生产效能。空间会影响我们的情绪、行为以及对公司的整体印象。

说到空间，我们需要提供灵活的选择，并鼓励下属员工坦率地建议如何改进空间环境。即便你在考虑，我还是不会说乒乓球桌、免费的小吃以及楼层之间安装的色彩鲜艳的滑梯有必要存在。尽管这些配件可以让环境好上加好，但如果工作场所整体的物理环境不好，它们也不足以阻止员工跳槽。

工作空间每天都在强化你的文化。尽管电灯开关和布局等方面确实应当由公司来统一掌控，但员工应当能够决定如何使他们工作的隔间或办公室个性化。如果你高兴，可以影响他们做出改变。例如，你可以告诉员工，假如办公桌凌乱不堪、电脑屏幕或键盘的放置不符合人体工程学，可能会对他们的工作效率和身心健康产生负面影响，但说到底，这些决定还是要由员工根据自己的利益来做出。

让团队成员在会议桌前有一个席位

与其孤立地或者自上而下地创造员工体验，为什么不鼓励员工参与这种创造的过程，让他们在其中有更大的自主权和发言权呢？如果你让你的团队向你反馈意见并分享他们想要的体验，那么，你满足这些期望就会容易得多。

工作日公司（Workday）技术产品管理副总裁艾琳·杨（Erin Yang）的团队成员改善体验的一种方式是让员工有机会参与体验的创造。她说："我被提名为指导委员会的委员，该委员会帮助我们在旧金山的办公室设计了一个全新的楼层。我们根据产品管理和开发团队的工作方式来量身定制楼层的装修风格。接下来，我让我自己的下属团队在一块白板上写下他们对办公室装修的建议。这使得员工更多地参与到了新的工作空间的创造之中。"

除了让员工确定他们的工作空间，还要让他们参与工作体验的其他方面。艾琳告诉我，工作日公司的其他地方也是这种情况，比如他们的"小吃计划"。她说："我们的'小吃计划'小组会定期调查员工喜欢吃什么零食，重要的是，小组会根据员工的反馈做出改变。我发现，这样的举措受到了员工的交口称赞。"

帮助创造一种满足团队成员需求和期望的体验，最有效的方法是把他们召集起来共同探讨。一定要让他们知道，他们的观点能够影响公司的改变，正如我在第 1 章中提到的，人们从本质上认为自己的工作很重要。不管他们的头衔高低或任职长短，让员工参与重要的讨论，会令他们觉得自己很重要，同时也能确保得到多样性的想法。

家庭影院数字内容高级经理凯蒂·卢卡斯说："有时候，我没有足够的自信来请求主管让我坐到会议桌前参与讨论，但他会为我拉来一把椅子邀请我坐下。"凯蒂补充道："他会找机会来提升我的能力，并且在我的工作范围内放权给我。"让团队成员在会议桌前有一个席位，同时也给他们真正的机会来参与重要的探讨，你就能让他们参与到最终影响他们自身体验的决策中来。

和任何影响工作场所的因素一样，我们必须能够证明着重改善员工体验是合理的。幸运的是，当企业在员工的整个工作周期中给他们创造了积极的、难忘的体验时，我们是可以测量由此带来的好处的，这些好处包括：**员工会在公司工作更长时间、工作绩效会更优异、会主动充当非正式的品牌代言人，并且会帮助你招聘**。

我们曾对高管进行调查，结果发现，超过80%的人认为员工的体验对公司的成功很重要或者极其重要，只有1%的人认为不重要。我预计，很快这1%的人就会开始找新的工作。在德勤会计师事务所开展的另一项研究中，研究人员不仅证实了我们的数据，而且还发现，只有22%的公司擅长创造差异化的员工体验。

IBM和Globoforce公司已将工作的各个方面与员工的整体体验联系起来。他们发现，积极的体验与更优异的绩效、更低的员工流出率、更高的社会亲缘关系以及更密切的团队合作相关联。例如，当员工觉得自己的想法和建议被公司采纳时，超过80%的人表示自己的工作体验更加正面了。

下面的练习有助于确定哪些方面可以提升员工体验。这些都基于你收到的反馈，你的团队成员的日常行为，以及为使工作场所变得更好你已经采取或者将要采取的行动。

自我反省：你为你的员工创造了什么体验？

为了有效地回顾和改善员工体验，问自己以下问题，会让

价值激活

你更好地了解在确保员工满意和积极投入上你做过什么。如果你在回答这些问题时有困难，或者需要额外的数据，我强烈建议你与员工进行一对一的交谈，询问他们对自己的体验有什么看法。你的目标应当是：即使不能超过员工的期望，至少也要达到他们的期望。

1. 你认为最能激励员工的三件事是什么？
2. 你是否注意到员工在工作中和工作外有什么社交活动？
3. 你的员工知道你公司的使命和宗旨吗？
4. 你从应聘者或者前雇员那里得到了什么样的反馈？
5. 你的员工流出率是不是太高了？
6. 你在招聘员工时考虑了多少个性匹配的因素？
7. 你有没有研究过你的办公空间对员工工作效率的影响？
8. 员工是否在完成任务上得到了适当的支持？
9. 你是否创造了一个让员工感到安全的环境？
10. 员工体验的周期还有哪些方面可以改进？

全流程提升员工体验

既然我已经介绍了为什么员工体验对公司的成功如此重要，也让你知道了应在哪些方面需要改进，现在，是时候谈谈一些关键策略了。在我们的研究过程中，来自美国各地的人力资源主管告诉我们，提升员工体验的三大方法是：

1. 投资于培训和提升。
2. 改善工作环境。
3. 给予更多表扬。

这很有道理，对不对？当员工拥有必要的课程和资源来提高技能时，他们将在会议中更加自信，更有可能与团队分享他们的知识。正如我们已经讨论过的那样，工作空间非常重要，因为我们在那里要待的时间太长了。表扬能使员工自我感觉良好，并且有助于创建一种文化，让他们看到并欣赏他人的积极品质和成就。

试图在没有事先评估的情况下提升员工体验，纯属浪费时间。为了最准确地衡量员工的体验，你要了解你给出的提升员工体验的方法与当前正在或者想要为你工作的人的期望有多么匹配。

在公司之外，你可从评论网站和专业网络上获取大量信息，在那里，你可以得到未经审查的和匿名的反馈，看到应聘者和员工在你的公司获得了怎样的对待。你发现的自己公司的每一个弱点，都是缩小与员工距离的机会。

比如，如果某位员工觉得，公司招聘他之后，他所从事的工作与之前承诺的工作不一致，并且因此而辞职，那么你显然需要更新你的工作岗位描述，并在新员工入职时进行调整。

又比如，如果你看到很多已经离职的员工发表了一些评论，认为

价值激活

公司的管理层不支持他们，那么你可能需要自己上一堂培训课，或者修改你的管理团队的管理培训课程。这种反馈相当普遍，因为员工更多会因糟糕的管理层而不是工作岗位而辞职。

在公司内部，从员工加入公司到最终离开公司，你要关注员工体验周期的各个方面。获得最新信息的最简单方法是，将你的团队作为一个焦点小组，至少一个月举行一次讨论，并要求他们就如何改善工作环境给予坦率的反馈。维亚康姆公司营销策略、趋势和洞察力副总裁萨拉·昂格尔说："我们做了一个很棒的练习，人们可以把便签条贴在办公室的指定位置，并就他们希望看到的变化提供反馈。但这种做法的关键是，领导者的确认真倾听了这些变化。"

你还应当在新员工入职和老员工离职时收集他们的信息。这些之前的、中间的和之后的数据，会让你对他们的体验有一个更完整的了解。如果有人在开始工作时充满热情，但结束时感到沮丧，你要找出原因，争取使这种情况不再发生。比较一下快乐和不快乐的应聘者和员工，了解差距在哪里以及如何弥补。

成为凝聚人心的领导者

我可以肯定地说，你可能拥有最令人惊叹的工作空间，但如果管理层和员工之间没有建立牢固的关系，你仍然会失败。这就是为什么你既要成为更出色的领导者，又要鼓励或训练其他人去做同样事情的原因。

管理者对员工体验有着巨大的影响,因为他们从寻求建议到分配新项目的过程中,在不断地与员工交流。通过转变领导风格,敞开胸襟并且欢迎反馈,鼓励每位员工展现最好的一面,你就会对员工更有吸引力,他们也会更努力地为你工作。

我曾听人说过,优秀的管理者是天生的,不是后天培养的,但根据我的经验,好的管理方法可以传授给愿意花时间学习关键技能的任何人。我们必须停止这样的做法:仅仅由于员工的任期足够长、工作努力,或者我们害怕失去他们而提拔他们担任经理。给平庸的或糟糕的管理者更大权力,只会削弱员工体验。

当涉及为下属员工创造一种强大且令人兴奋的体验时,那些看似琐碎的事情在其中发挥的作用其实很重要。培养密切的团队关系的最好方法之一是跳出公司的藩篱,为员工规划社交活动和其他活动。邀请他们共进晚餐以表达你的感激之情、庆祝他们的生日,或者突出某件具有里程碑意义的事情,可以真正把你的团队团结在一起。

遗憾的是,大多数公司都过于关注利润,不认为紧密的员工关系是产生更高收入的关键。在一项研究中,人力资源公司罗致恒富发现,80%的公司不会举办年度聚会。简单地在公开场合说一句"谢谢你"、举行一次聚会、给员工发一张礼品卡或一场体育比赛的门票,或者邀请员工吃一顿免费的晚餐,都能很好地将员工团结起来。你可能认为这不是什么大事,但对员工来说,尤其是当他们没有这样的预期时,你却把这些小事做好了,便能够产生很好的凝聚人心的作用。

当员工看到你支持他们在业余时间开展社交活动时,他们便会积极地和别人交往。如果他们不这样做，你要公开鼓励他们。当员工善待团队中的其他同事时，也就营造了一种他们想要长久待下去的氛围。当你的公司中有了密切的社交联系，员工之间相互信任、相互关心，而不仅仅是着眼于完成最新的项目时，公司就会繁荣发展。

向员工表现出强烈的同理心，比如去医院看望某位团队成员，对员工的生活将产生很大的影响，这有助于他们转变对你的看法，此后他们不仅会把你看作他们的经理，而且也会把你当成真正关心他们的朋友。当你的同事在公司的运动队中工作或者加入了旨在帮助其他员工（比如女性职员、年轻的专业人士、拉美裔员工，等等）的小组时，你就会发现，他们正在建立和发展他们的人际关系，也正在建设强大的团队，关键是，没有任何人逼着他们这么做。

要牢牢记住，办公室外的社交活动，只是员工整体体验的众多组成部分之一。《时代》周刊学习和发展公司副总裁阿曼达·帕西提（Amanda Pacitti）说："进行有趣的琐碎社交效果是惊人的，但当老板们过分地相信这些交流手段时，在我看来，就感觉是把不太重要的东西放在了重要的位置上。我觉得，没有人会说'哇，我的老板带我打保龄球，所以我热爱我的工作'。"

雀巢普瑞那（Nestle Purina）品牌经理阿曼达·扎伊德曼（Amanda Zaydman）补充道："人们希望能受到鼓舞、能感觉自己有价值，并能对自己的工作充满信心。有时候，这意味着你要花时间给员工们抛出一个惊喜，或者在他们生日的时候给他们送去纸杯蛋糕，但我认为，你日常做的事情对他们的影响会更大。要做到诚实和透明，并要认真聆听。**支持有才华的员工获得他们想要的和应得的任务与晋升机会**。这并不是什么革命性的事情,但管理者往往很容易忘记这些。"

除了和团队成员一起庆祝,你还要从个人层面了解他们。团队的所有成员都可能有着相似的基本需求和愿望,但作为个体,每个人都有着独特的动机和梦想。当你开始了解你的每一名员工时,你要记下他们最大的动力、兴趣和抱负,以便你有意识地去满足他们的需求。

与领导面对面交流在影响职场体验方面可以发挥关键作用。康菲石油公司(ConocoPhillips)的土地经理林赛·威德尔(Lindsay Weddle)曾与一位她非常钦佩但从未为之工作过的公司领导者共事。那位领导者影响了她后来的管理风格。林赛回忆:"在一次会议上,我告诉他我女儿的名字。几个月后,他在电梯里遇到我,对我打招呼道:'嘿!你女儿阿比盖尔还好吗?'坦率地讲,我当时惊呆了。这件事给我留下了非常深刻的印象,他居然记得我的一些个人信息,并且还花时间和我谈论我的女儿。"

"毫无疑问,他是公司里最忙的人之一,但多年后,这件事情我一直没有忘记。这就是我会有意识地去记住员工配偶和孩子的名字,并且问他们过得怎么样的原因。"

了解下属员工,并不是一种单向的交流。TIBCO 软件公司高级营销经理阿曼达·希利(Amanda Healy)说:"我通过从个人层面了解员工,并且让他们在同一层面了解我,改善了员工在工作中的体验。"她补充道:"在工作中表现得与在家里完全不同,让我感到疲惫不堪。对我来说,你看到的就是我真实的一面。我会和员工谈论我的丈夫,

价值激活

会给他们发送我喜欢的歌曲，会分享我的猫的照片。个人细节是我和别人交往的谈资，这种交往将促使我和我的事业向前发展。"

表 10.2 是按照员工的动机和兴趣支持他们的方法。

表 10.2　按照员工的动机和兴趣支持他们的方法

员工的动机和兴趣	如何支持他们
灵活性	允许员工晚一点上班或者每周至少有一天可以在家办公。
薪酬	只要他们表现良好，并且能推动公司业绩，可以确保他们每年至少能加薪一次。
友谊	把他们介绍给团队内外的人，邀请他们参加社交活动。
体育	除了奖金，给他们两张他们喜欢的体育赛事的门票。
旅行	如果你在多个城市都有分部，你可以让他们去其中的某个分部体验工作一番。或者，如果有一个行业会议，让他们参加，以便他们可以同时学习和旅行。

说到创造积极的员工体验，我发现经理们犯的最大错误就是在新员工入职的前 90 天内没有为其设定切合实际的期望。重要的是要让新员工知道他们将学习什么，确立目标，并为他们的工作职责设定议程。

要让他们觉得这不仅仅是份工作，而且还是他们长期职业生涯的一部分。没有人想让自己感觉像机器人或装配线上没有头脑却不停转动的齿轮；人们总是想知道他们的工作将如何助推公司成功。

万事达信用卡公司负责信息治理、法律和特许经营诚信的副总裁约翰·姆旺吉说："关键是让人们明白他们的贡献值得赞赏。这点很重要，无论他们是否为我工作。"他继续说道："知道自己的工作很重要，会大大提升一个人的体验，他会把你视为职业发展的伙伴。"

你可以与员工一起制订培训计划，包括他们需要的技能的具体细节、建议完成的课程，并且解释这将如何帮助他们表现得更好。所有这些，都有助于你减轻人们在开始接触新事物时的压力和焦虑。

尽管你很想掌控员工体验，但反过来看，你不可能掌控——至少不能一直掌控着他们的体验。就像人们可以通过口碑来控制品牌在消费者中的形象一样，你的员工也可以向别人吹嘘或贬低他们的体验。正因为如此，给你的员工提供正确的工具和专门的支持系统，让他们把握自己的体验，就显得极其重要了。如果他们能够担负起责任，你给他们的自主权越大，你的压力就越小。

脸书绩效管理部门负责人维韦克·拉瓦尔很好地总结了这一切。他坦言："和我共过事的最优秀的领导者一般都对我的发展和成长感兴趣。他们会询问我的目标，对我将如何发展和成长提出新的想法，花时间了解我的工作风格，最重要的是，他们会在陪伴我的时候采取行动，让我总是做好充足准备来投入学习和追求成功。"

价值笔记
Back to Human

打造独一无二的员工体验

着重关注最关键的体验。

你的整个员工的体验是一个生命周期,所以你可以试着一次改进其中的一部分,这样你就不会负荷过重了。除了与团队成员的日常交流外,还要关注他们从工作第一天到最后一天的几大关键体验。

从员工的角度来看待员工体验。

使用内部或外部数据来辨别需要改进的方面。把你的团队变成一个焦点小组,通过向他们公开你的感受和你从其他人那里得到的反馈来鼓励诚实反馈。

赋予员工自主权。

通过让员工自由规划自己的道路,让他们在一定程度上控制自己的体验。从个人层面了解他们,这样你就能帮助他们发展,支持他们的雄心壮志。

结 语
BACK TO HUMAN

用自己的内心去感动一个人，
是机器永远都不擅长的事情

不要将移动与前进混为一谈。

——穆罕默德·奥兹医生（Dr. Mehmet Oz）

著名心脏外科医生，被《时代》杂志评选为"最具影响力的100人"之一

技术的出现、进步和变革改变了每个行业、每种职业和每一种文化，我们甚至很难从表面上了解高科技设备、网络和人工智能将如何改变我们的行为、替代我们的工作岗位，影响我们的组织、社区和生活。我们原以为高科技会使得人与人之间的关系更亲密，但它反而让我们的工作生活更具挑战性，更没有意义。

在并不遥远的将来，机器人可能会为你端上早餐咖啡，为你刷牙，但你还是有着自己的心灵、灵魂和头脑，而且，为你工作的人和与你

共事的人同样如此。高效领导者需要具备的同理心、开放性和远见等基本性格特征，不可能外包给机器人。因此，作为领导者，我们需要回归人性，成为高科技的主人而不是奴隶。

关于高科技，杰出技术领袖提出的警告

技术革命带来的变化无法阻止，但我们必须谨慎地加以接受。这是我与许多最受尊敬的技术与人工智能专家共同持有的观点。当他们就这方面警告我们时，我们真的应该小心。例如，史蒂夫·沃兹尼亚克（Steve Wozniak）、斯蒂芬·霍金（Stephen Hawking）和埃隆·马斯克就人工智能的社会影响发表了一封公开信。

微软的研究总监埃里克·霍维茨（Eric Horvitz）认为，总有一天，人工智能会和我们作对，对我们的生存构成威胁。另外两位高科技"大佬"——苹果公司CEO蒂姆·库克（Tim Cook）和脸书CEO马克·扎克伯格，也曾在知名大学毕业典礼上的演讲中警告说，他们自己正在推广的工具和系统存在缺陷。

在麻省理工学院，库克说道："有时候，将我们连接起来的高科技反而会把我们分开。高科技能够做一些伟大的事情。但它不想做伟大的事情。"扎克伯格在哈佛大学说："我们的父母毕业时，找工作、服务教堂和社区等都是他们的人生目标。但是今天，高科技和自动化正在减少众多的工作岗位。社区成员人数减少。许多人感到孤立和沮丧，正在竭力填补空虚的内心。"

在我们生活的这个充斥着高科技的世界里，年轻的领导者正面临

着挑战。只有当我们能够与他人建立情感联系时，我们才会成功。这种联系使我们能够感同身受，做出善意的举动，避免伤害他人。

自动化：工作体验的可怕破坏者

在维珍脉搏公司的研究中，我们询问了员工和管理者，哪种趋势会对他们的工作体验产生最大的影响。他们最关注的是物联网、人工智能、智能手机、虚拟现实和可穿戴技术的进步，换句话说，就是自动化。自动化会产生多大的影响？我们对数百家公司进行了调查，结果，这些公司预计，在未来几年内它们可能会平均至少裁员10%。

很多人认为机器人是未来才会大量出现的东西，但在现实中，我们已经比你想象的更接近机器人时代。麦当劳（McDonalds）正在用自助服务台取代收银员，达美乐比萨（Domino's Pizza）将配送队伍换成了自动驾驶机器人，劳氏（Lowe's）将人类迎宾员换成了机器人迎宾员，雅乐轩酒店（Aloft Hotel）正在试验机器人迎宾员。

没有一份工作是能完全保证不被机器人取代的。在中国，法律机器人已经被用于判决某些案件了，再没有比这更可怕的了。它可能到达的底线是：自动化将彻底消除我们全球经济中的大量工作岗位，同时也消除它不会扼杀的工作岗位中的众多任务。

从公司的角度来看，使用机器人是降低劳动力成本和提高利润率的一种方式。想想吧。如果公司可以一次性投资3万美元购买一个机器人，而不是用7.5万美元聘请一名全职员工来完成同样的十几项任务，那么公司必然会选择引进机器人。机器人每天可以工作24小时，

273

价值激活

而人类每天最多只会工作 8 小时。机器人不会和你争论工作流程，也不会抱怨公司的工作流程使得它精力耗尽或压力过大；机器人会按照你说的去做，不会有任何怨言。随着这些机器的成本下降，它们对各公司老板的吸引力将变得更大，这正是世界各地许多 CEO 正在设想的事情。

在我看来，高科技毫无疑问会继续将我们与他人隔离开来，甚至高科技还会变得更加"个人化"，无论是虚拟现实、聊天机器人，还是微芯片植入等技术。这些听起来像是最新科幻电影里的东西，其实已经出现了。瑞典一家名为震中（Epicenter）的公司已提出免费为员工植入微芯片，150 名员工接受了植入。虽然植入芯片的员工无须自掏腰包就能轻松进入公司大门和使用复印机等办公设备，但他们一直被跟踪着，我个人感觉这是极具侵犯性的。想象一下，如果你想换老板的话，必须通过手术移除芯片！

是时候变得更加人性化，而不是机器化了

我不仅目睹了而且参与了"回归人性"的复兴。当高科技使我感到与他人隔绝时，我自然会觉得需要更多的交流。无论是在和别人一起喝咖啡时、上班途中，或者给父母打电话时，我都会尽量不让高科技在我的生活中占据太多的位置。相反，我会用它来创造更多亲身参与交流的情境，推动和其他人更深入的对话。

在工作场所，如果我们不在下属团队身后支持他们，就无法使之发挥战斗力；如果没有一种联系感，团队就不会那么忠诚或高效。当

机器变得精通硬技能并且能够比人类更快地完成许多任务时，人类却总在软技能方面占据优势，而软技能正是成为伟大领导者的关键。

创新工场（Sinovation Ventures）创始人李开复在接受美国全国广播公司消费者新闻与商业频道采访时，记者问他，在一个机器越来越智能化的世界里，人类是否还有一席之地。尽管李开复投资于高科技，但他也坦承："我相信，用自己的内心去感动一个人，是机器永远都不擅长的事情。"

如今的工作比20世纪80年代或90年代更加强调与他人合作或为他人服务的能力。随着旧工作岗位的流失，新工作岗位的产生，这个社会还将继续需要领导能力、团队精神、时间管理和社交技能。

当你终于成为你渴望的领导者时，发展良好工作关系的能力就是你最重要的资产。尽管我们拥有了高科技的未来，但我们的社交技能仍会成为未来事业和生活的基础。正如《财富》杂志的高级编辑杰奥夫·科尔文（Geoff Colvin）告诉我的："历经十万年的进化，我们已经自然而然地会更珍视与他人而不是电脑的深度互动。"

首先我们必须承认，我们需要利用高科技来助推更深层次的联系和更为牢固的关系。接下来，我们还必须承认，我们不仅需要更多的朋友，而且还需要与现有的朋友进行更深入的对话。我指的并不是你在网上建立的那种肤浅"友谊"中的朋友，即你可以在网上看到对方的更新、点赞和评论，却很少给他们打电话，甚至也不会祝他们生日快乐的朋友。我指的是你投入时间来加强联系的朋友、你真正关心的人，以及你每天都能看到或者并非天天见面的同事。

价值激活

我们成功所需要的一切，都可以通过提升友谊得到，从学习到情感支持，无一例外。"你的关系网就是净资产"和"你知道什么并不重要，重要的是你认识什么人"这样的话，会代代相传下去。这些都是真的！引导你获得知识、找到工作和产生成就感的，是人而不是机器。

多年来，我一直向长辈询问，问他们和别人的友谊是怎样发展的，结果发现，他们所有人告诉我的与研究人员多年来得出的结论一样，那便是：随着年龄的增长，一个人的亲密朋友会越来越少。一些研究还得出结论，人们对感情中的错误的后悔，比对任何职业决策的后悔都更加强烈。知道这一点，有助于你决定去拥抱谁，放开谁。

随着年岁增长，我们有了更多的责任，从生育孩子到忙于应付各种日程，因而没有时间去和朋友联系。不过，在这个方面，你可以做些什么，并且为你的员工创造更加令人满意的工作体验。

未来就是现在

尽管身处这个孤独的年代，但我们还是会有光明的前景。今天，我向你发起一项挑战——放下手机，关掉提示音，然后下线。我知道你能做到的！时间不会倒流，我们无法回到过去的时代，但我们可以回归人性。所以，让每一次互动在每天、每小时、每分钟都变得有意义。我相信你会带头前行，而我也会在你身边伸出援手。

致 谢
BACK TO HUMAN

感谢我的文学代理人

这本书是献给吉姆·莱文的,他是我的代理人,是我心目中的英雄。自我们一起工作以来,他一直信任我,对我的整个职业生涯产生了深远影响。

吉姆是出版界的无名英雄,始终是我们这个时代一些最伟大的作家和思想背后的推动力量。他也是我的灵感来源,因为他原本可以轻轻松松地退休,到高尔夫球场打打球,但他仍然选择继续帮助下一代作家成功。只有像吉姆这样真正热爱自己工作的人,才能继续领导一家受人尊敬的公司,并且管理着不计其数的作者。

虽然他说我"斗志旺盛",但把这本书献给他的渴望,激励着我不断优化和润色这本书,使之成为我写过的最好的一本,并且取得远远超出他想象的成功。

感谢我的父母

感谢你们对我的信任和对我的评价。我太爱你们了！

感谢达·卡波出版社（Da Capo Press）

丹·安布罗西奥（Dan Ambrosio）、约翰·拉德兹维茨（John Radziewicz）、克里·鲁宾斯坦（Kerry Rubenstein）、凯文·汉诺威（Kevin Hanover）、迈克尔·克拉克（Michael Clark）、迈克尔·贾拉塔诺（Michael Giarratano）、米利亚姆·里亚德（Miriam Riad）和他们的整个团队都相信这本书的理念，并通过文字帮助我将它变成了现实。感谢你们的信任，以及你们所做的投资和所花的时间。

感谢阿明·布朗特（Armin Brott）

你的编辑工作，帮助我成为一名更好的写手，提高了书的质量。我对你的努力、支持和鼓励感激不尽。

感谢凯文·洛克曼教授

在听说我在写这本书时，凯文立即报名参与了这本书的工作连通性指数（WCI）评估，我希望他关于孤独、隔绝的学术研究能够继续下去。

感谢未来职场公司

感谢我的团队的支持，包括大卫·米洛（David Milo）、珍妮·梅斯特（Jeanne Meister）、凯文·马尔卡希（Kevin Mulcahy）、特蕾西·普（Tracy Pugh）和图安·多恩（Tuan Doan）。在他们的帮助下，我们影响了新一代的领导者，并且给职场带来了改观。

感谢维珍脉搏公司

从我第一次与温迪·卫芙（Wendy Werve）通电话时开始，我就知道维珍脉搏公司将是这本书的全球研究的完美合作伙伴。特别感谢安德鲁·博伊德（Andrew Boyd）、亚瑟·格林（Arthur Gehring）、伊莉斯·梅耶尔（Elise Meyer）和海莉·麦克唐纳（Hailey McDonald）。

感谢 CA 科技公司

我的职业演讲生涯是在 CA 科技公司多年前聘请我演讲时开始的，现在当他们举办我的新书全国发布会时，一切又和当年重合。特别感谢劳拉·德雷克（Laura Drake）和帕特丽夏·罗林斯对我的信任。

感谢三桥制作（Three Bridges Productions）

感谢你们为阐释这本书的主旨创作了一个喜剧小品。三桥制作的团队成员包括亚历克·劳利斯特（Alec Lawless）、凯瑟琳·贝克特（Catherine Beckett）、克里斯蒂安·罗伯茨（Christian Roberts）、吉娜·费兰蒂（Gina Ferranti）、詹姆斯·米格（James Meeg）、劳拉·戈尔迪（Lara Goldie）、彼得·盖兹（Peter Getz）、特雷弗·利文斯顿（Trevor

价值激活

Livingston）和雅斯梅·雅瓦（Yasmeen Jawhar）。

感谢我的朋友们

在整个写作过程中，我的朋友们不仅支持我，而且为我的一些想法做了很好的宣传。特别感谢艾伦·甘尼特（Allen Gannett）、克里斯·斯基姆布拉、科里·布拉德伯恩（Cory Bradburn）、戴维·霍曼（David Homan）、法诺什·托拉比（Farnoosh Torabi）、詹姆斯·阿尔图切尔（James Altucher）、杰伊·谢蒂（Jay Shetty）、杰夫·加贝尔（Jeff Gabel）、珍妮弗·萨顿（Jennifer Sutton）、珍妮·布莱克（Jenny Blake）、杰斯·科丁（Jess Cording）、乔·克罗西特（Joe Crossett）、乔纳森·米特曼（Jonathan Mitman）、乔丹·哈宾格（Jordan Harbinger）、约什·怀特（Josh White）、J. R.·罗思坦（J. R. Rothstein）、朱莉娅·列维（Julia Levy）、拉贝·伊登（Labe Eden）、刘易斯·豪斯（Lewis Howes）、米奇·彭泽尔（Mickey Penzer）、迈克·史密斯（Mike Smith）、皮特·齐格勒（Pete Ziegler）、蕾切尔·图诺（Rachel Tuhro）、拉塞尔·怀纳（Russell Wyner）、瑞安·波（Ryan Paugh）、谢恩·斯诺（Shane Snow）和尤尼·弗仑克尔（Yoni Frenkel）。

附 录
BACK TO HUMAN

《价值激活》践行人：
100位新生代管理者

姓名	头衔
拉吉夫·库玛	维珍脉搏公司（数字医疗）总裁兼首席医疗官
西蒙·布切兹（Simon Bouchez）	思爱普有限公司（SAP）旗下 Multiposting 公司 CEO
贾斯汀·奥尔金	威瑞森公司美国西部平台营销和媒体主管
丹尼尔·拉克罗斯（Daniel LaCross）	美国药店零售寡头西维斯健康公司高级主管
阿曼达·希利	实时业务先锋 TIBCO 软件公司高级营销经理
卡萝琳·冈瑟	思科公司（Cisco）综合业务规划经理
拉西达·霍奇	IBM 沃森公司内嵌与战略伙伴关系副总裁
吉尔·扎卡尔祖夫斯基	威瑞森公司客户体验经理

价值激活

（续表）

姓名	头衔
费利佩·纳瓦罗	西门子医疗系统有限公司全球营销经理
南迪·沙利夫	优步公司人才开发团队
斯蒂芬妮·布希（Stephanie Busch）	英特尔工程部经理
凯尔·约克	甲骨文公司 Dyn 事业部经理
希瑟·桑普	美国航空公司网络和旗舰战略董事及总经理
梅格·帕因塔尔（Meg Paintal）	"全球第三大企业级应用软件及服务供应商" 恩富软件有限公司业务发展总监
迈克·施纳勒	"神经科学领域的先锋" 渤健生物科技有限公司人才招聘副总监
艾莉森·埃尔沃西（Alison Elworthy）	"数字营销领域的独角兽企业"营销自动化（Marketing Automation）软件开发商 Hubspot 运营副总裁
凯·埃利希	"《财富》全球 500 强的高科技企业" 霍尼韦尔公司高级主管
罗斯·范伯格	"爬虫程序管理领域的领导者" 阿卡迈公司战略与运营高级总监
本·汤普森（Ben Thompson）	"三维设计、工程及娱乐软件的领导者" 欧特克有限公司资深永续企业经营主管
艾琳·杨	"人力资源管理软件服务巨头" 工作日公司（Workday）技术产品管理副总裁
亚当·米勒	戴尔易安信公司产品营销经理

附 录

（续表）

姓名	头衔
帕特丽夏·罗林斯	"全球最大的 IT 管理软件公司之一" CA 科技公司市场营销高级总监
丹尼尔·巴克利 （Danielle Buckley）	谷歌高级产品经理
珍妮弗·朔普费尔	通用电气运输公司运输物流分公司副总裁兼总经理
德里克·巴尔图斯科尼斯	财捷集团（财务软件为主的高科技公司）招聘主管
布拉德福德·威尔金斯 （Bradford Wilkins）	Altisource 资产管理公司人力资源副总裁
林赛·威德尔	康菲石油公司土地经理
杰森·龚	品趣志的多元化和包容性项目总监
纳瓦尔·法库利	领英公司学习和员工体验经理
艾米丽·卡普兰	"世界上最大的独立公关公司" 爱德曼国际公关公司大城品牌高级客户主管
维韦克·拉瓦尔	脸书绩效管理部门负责人
丹尼尔·金	照片墙公司工程经理
保罗·赖克	"美国最大点评网站" Yelp 网站副总裁
克里斯蒂·蒂尔曼 （Kristy Tillman）	"世界上最受欢迎的工作平台和团队消息传递应用程序之一" Slack 传媒设计总监
阿曼达·帕西提	《时代》周刊学习和发展公司副总裁

价值激活

(续表)

姓名	头衔
艾米·欧黛尔（Amy Odell）	时尚杂志 Cosmopolitan 前编辑
阿曼达·弗拉加	"全球最大演唱会推手" 莱恩娱乐公司战略与洞察部门副总裁
比尔·康诺利	蒙纳字库公司（Monotype）内容总监
沙米·甘地	Mic 传媒公司商业发展高级副总裁
凯蒂·卢卡斯	家庭影院（HBO）数字内容高级经理
布兰登·格罗斯（Brandon Gross）	SonnyBoy Media 传媒公司制片人
丹·克拉姆	"全球著名的市场监测和数据分析公司" 尼尔森公司人才营销与校友关系部主任
克里斯·古米埃拉	米高梅国家港口公司市场营销与广告副总裁
劳拉·佩蒂	美国全国广播公司电视节目《收盘报道》制作人
萨拉·昂格尔	"美国第三大传媒公司" 维亚康姆公司营销战略、趋势和洞察的副总裁
詹娜·瓦萨洛（Jenna Vassallo）	"全球最具影响力的独立研究咨询公司之一" 佛瑞斯特研究公司（Forrester）高级公共关系专家
马尔科姆·曼斯韦尔	大西洋唱片公司营销经理
德雷克·汤普森	《大西洋月刊》高级编辑
阿米特·特里维迪	施乐公司（Xerox）CP 基础设施和分析经理
斯蒂芬妮·比克斯勒	美国学乐教育集团技术副总裁

（续表）

姓名	头衔
乔·劳伦斯	美国空军野外训练主任
珍妮弗·科克伦（Jennifer Cochrane）	美世咨询公司（Mercer）人才战略转型主管
艾琳·米勒德（Erin Millard）	世界权威旅游平台猫途鹰（TripAdvisor）社交媒体经理
萨姆·豪	"阳狮集团（法国最大的广告与传播集团）旗下专业传播、公关和活动营销领域的旗舰机构网络"明思力集团业务发展总监
贾斯汀·比伦巴乌姆（Justin Birenbaum）	传播创意的非营利组织 TED 全球伙伴关系负责人
劳拉·霍根（Lara Hogan）	Wherewithall 培训公司联合创始人 易集（Etsy）前工程主管
杰西卡·高尔德伯格	Mic 传媒公司资深制作人
伊洛娜·尤尔凯维奇	汤森路透集团（企业及专业情报信息提供商）的人才与发展副总裁
利兹·米尔施（Liz Miersch）	Equinox 健身房旗下《Furthermore》杂志创始者及执行董事总经理
丹尼尔·耶德尔	美国慈善融资平台 Omaze 公司品牌发展总监
凯特·芒吉娅拉蒂（Kate Mangiaratti）	"全球最大的托管银行和最大的资产管理公司之一"美国道富银行助理副总裁
珍妮弗·格雷耶布（Jennifer Grayeb）	美国安泰保险金融集团（Aetna）人力资源业务合作伙伴（HRBP）

价值激活

（续表）

姓名	头衔
詹娜·勒贝尔	美国第二大财产保险公司利宝互助保险公司（Liberty Mutual）品牌与整合营销副总裁
约翰·姆旺吉	万事达信用卡公司（Mastercard）信息治理、法律和特许经营诚信副总裁
莱奥尔·拉德比尔	贝恩资本投资者关系高级合伙人
罗茜·佩雷斯	美国运通公司全球消费者服务首席财务官
马修·麦罗特拉	加拿大蒙特利尔银行的个人银行数字业务主管
珍妮弗·洛佩兹	第一资本金融公司产品管理高级主管
梅根·格雷迪（Meghan Grady）	"知名六大跨国会计公司其中之一"均富国际（Grant Thornton）国际税务高级经理
萨拉·韦克斯福德（Sarah Welsford）	安永会计师事务所（Ernst & Young）人力资本咨询业务
乌利希·卡多	安联集团加拿大分公司所属安联全球企业及特殊风险公司（AGCS）CEO兼首席代理官
丹尼·盖纳	耐克公司全球品牌行销
尼姆·德·斯沃特	百加得的新一代首席执行官
约翰·亨茨曼	百时美施贵宝公司信息与数据管理副总监
珍妮弗·弗雷斯	伸展台租衣网联合创始人兼业务发展主管
艾米·琳达	雅诗兰黛全球人才经理
菲利普·克里米	卡斯珀公司（床垫）首席执行官

（续表）

姓名	头衔
迈克·马克斯韦尔	"世界上最大的大型家用电器制造商之一"惠而浦公司（Whirlpool）烹饪全球领袖项目的厨宝品类负责人
杰西卡·罗伯茨（Jessica Roberts）	星巴克臻选品牌经理
埃德·门德拉拉（Ed Mendrala）	美国梅西百货公司（Macy's）物流财务分析部门经理
奥姆·玛尔瓦	沃尔玛全球行为科学主管
维姬·吴	阿迪达斯高级项目经理
莎拉·德·安杰洛（Sarah D'Angelo）	万豪国际集团美洲地区人才招募经理
舒尔特·格林	美国强生公司人才招聘和员工体验全球副总裁
阿曼达·扎伊德曼	雀巢普瑞那品牌经理
山姆·维奥莉特	"世界著名乳业巨头之一" 蓝多湖公司电子商务、移动与新兴技术部门主管
梅勒妮·蔡斯	"记录器产品名扬世界"运动追踪者品牌营销副总裁
保罗·莫特拉	"全球最大的户外用品连锁零售组织" REI 公司内容营销高级经理、共同执行编辑
安德鲁·米勒	四季酒店和度假村酒店集团发展部主任
布莱恩·泰勒	"国际租车巨头"恩特普莱斯公司副总裁兼总经理
凯蒂·瓦尚	彪马公司女装部的商品经理

价值激活

（续表）

姓名	头衔
安东尼奥·麦克布鲁姆	冰激凌制造商班杰瑞（Ben & Jerry's）的首席快乐体验官及经销商
米歇尔·奥德兰德	通用磨坊的老埃尔帕索 & 托蒂诺品牌的业务部门主管
崔西·谢泼德-拉什金	联合利华可持续社区品牌经理
卡莉·查尔森	百思买公共关系高级经理
查理·科尔	"国际领先的商旅箱包品牌" 途明公司首席数字官兼副总裁
杰西卡·拉蒂默	"知名的美国珠宝首饰品牌" 亚历克斯和安妮有限责任公司社交媒体总监
山姆·沃罗贝克	全球著名连锁餐饮企业墨式烧烤培训主管
比尔·威尔斯（Bill Wells）	互联网眼镜鼻祖 Warby Parker（眼镜界的"小米"）
劳拉·伊诺克	昔客堡品牌营销与传播总监

中 资 海 派 图 书

[美] 道格拉斯·W. 哈伯德　著

邓洪涛　王正林　译

定价：89.80 元

在数字新经济环境下，量化各种"无形之物"的思考逻辑与实施路径

万事万物皆可量化。今天的管理者和决策者不缺乏数据，不缺乏信息，缺乏的是依靠量化做决策的态度和方法。

本书兼具实用性、可读性和趣味性，提出了一套完整的量化方法论，一套不亚于专业咨询公司的行动计划，通过对重大决策进行定义，对变量、不确定性与价值建模，可以为企业、政府或其他组织机构的任何投资与决策进行风险量化分析，从而做出正确决策。

《数据化决策》（第三版）尤其适用于政府官员、公共政策制定者、投资人、首席执行官、首席财务官、首席信息官、风险管理者、大数据与商业智能从业者等各行各业的人员。

海派阅读 GRAND CHINA

READING YOUR LIFE

人与知识的美好链接

20 年来,中资海派陪伴数百万读者在阅读中收获更好的事业、更多的财富、更美满的生活和更和谐的人际关系,拓展读者的视界,见证读者的成长和进步。现在,我们可以通过电子书(Kindle、掌阅、阅文、得到等平台),有声书,视频解读和线上线下读书会等更多方式,满足不同场景的读者体验。

关注微信公众号"**海派阅读**",随时了解更多更全的图书及活动资讯,获取更多优惠惊喜。读者们还可以把阅读需求和建议告诉我们,认识更多志同道合的书友。让派酱陪伴读者们一起成长。

了解更多图书资讯,请扫描封底下方二维码。　　微信搜一搜　🔍 海派阅读

也可以通过以下方式与我们取得联系:

📧 采购热线:18926056206 / 18926056062　　📞 服务热线:0755-25970306

📧 投稿请至:szmiss@126.com　　　　　　　　🌐 新浪微博:中资海派图书

更多精彩请访问中资海派官网　　www.hpbook.com.cn